KB105172

조선 천주교

그 기원과 발전

023
그들이 본 우리
Korean Heritage Books

조선 천주교
그 기원과 발전

Le catholicisme en Corée – son origine et ses progrès

파리 외방전교회 지음 | 김승욱 옮김

살림

일러두기

1. 이 책은 일설에 의하면 서울 대목구의 보좌주교였던 드브레(Devred, 1877~1926)의
   저작이라는 추측도 있으나 확인된 것은 아니다. 그러므로 이 책을 발행한 단체인
   파리 외방전교회에서 지었다고 명시하였다.
2. 저자 주는 각주로, 옮긴이 주는 미주로 달았다.
3. 옮긴이가 독자의 이해를 돕기 위해 원서에 없는 표현을 본문에 삽입한 경우에는
   〔 〕를 사용해 표기하였다.

'그들이 본 우리'-상호 교류와 소통을 위한 실측 작업

우리의 문학과 문화를 해외에 알리는 것만큼이나 중요한 것이, 바로 외국인의 눈에 우리가 어떻게 비치고 있으며, 세계가 한국을 어떻게 보고 있는가를 아는 것이라고 생각합니다. 아웃사이더의 시각은 우리가 미처 보지 못하는 것을 보여주고 깨우쳐주기 때문입니다. 그런 면에서 우리를 바라보는 외부인의 시각은 언제나 재미있고 유익합니다.

예컨대 19세기 대한제국 수립 직전에 조선에 다녀간 러시아 장교의 기록인 『내가 본 조선, 조선인』에는 러시아인들이 본 당시 조선 사회의 여러 측면과 역사적 사건이 객관적·포괄적으로 다루어져 있습니다. 또 갑오개혁 직전에 조선에 와서 조선을 견문하고 정탐한 혼마 규스케(本間九介)의 『조선잡기』는 조선의 의식주와 풍속 그리고 정치 상황과 사회상을 예리한 눈으로 바라보며 평가하고 있습니다. 1904년에 청일전쟁 취재차 조선에 온 미국 작가 잭 런던(Jack London)의 『조선사람 엿보기』도 역시 근대화 이전, 낙후된 조선 사회의 문제점을 재미있게 지적하고 있습니다.

물론 외국인들의 판단이 언제나 정확하거나 옳은 것은 아닐 수도 있습니다. 명저 『오리엔탈리즘』에서 에드워드 사이드(Edward Said)는 서구의 선교사나 군인, 또는 여행자나 작가들의 부정확한 인상기나 스케치에 불과한 여행기 같은 것들이 동양에 대한 서구인의 편견인 '오리엔탈리즘'의 형성에 일익을 담당했다고 지적했습니다. 그런 맥락에서 보면, 19세기 말이나 20세기 초에 조선에 온 외국인들이 남긴 기록도 다소간 그러한 역할을 했을 수도 있습니다. 예컨대 혼마 규스케의 『조선잡기』는 일본인들의 부정적인 대조선관 형성에 중요한 역할을 했고, 1896년의 갑오개혁에도 지대한 영향을 끼쳤습니다.

그럼에도 불구하고, 외국인들이 조선에 관해 남긴 기록이 우리에게 중요한 의미가 있다는 것은 부인할 수 없는 사실입니다. 그것들이 우리에게 지난 과거를 돌이켜보게 하고, 현재 우리의 위상을 점검하게 하며, 앞으로 우리가 나아가야 할 미래의 이정표를 찾을 수 있게 해주기 때문입니다. 물론 전근대에 조선에 온 외국인의 눈에 조선은 낙후한 나라여서 그 당시에는 비판적인 글들이 나왔지만, 한국이 세계적인 주목을 받는 요즘 한국의 성취를 동경하고, 한국 문화를 좋아하는 글들도 많이 나오고 있습니다.

외국인이 바라본 우리의 전근대 및 근대의 모습은 우리의 과거를 비춰주는 거울이면서, 동시에 우리의 미래를 위한 이정표의 역할도 해줄 것입니다. 그런 의미에서 명지대-LG연암문고가 소장하고 있는 고서와 문서에서 한국문학번역원이 엄선해 출간해온 〈그들이 본 우리〉 총서는 없어서는 안 될 소중한 자료가 될 것입니다. 이 총서의 출간을 위해 도와주신 명지학원 유영구 이사장님, 명지대-LG연암문고 관계자들과 명지대 정성화 교수님, 번역원 도서선정위원회 위원들, 번역가들, 그리고 살림출판사에 감사드립니다.

2015년 12월
한국문학번역원
원장 김성곤

조선의 현 주교 4인
드망즈, 뮈텔, 사우어, 드브레.

서문
-나라와 백성

조선 가톨릭교회의 역사, 즉 그 설립과 피어린 투쟁, 발전과 현재 상황 등을 개괄하기 이전에 이 흥미로운 나라에 관해 몇 마디 언급하는 것이 불필요하진 않을 것이다. 조선은 예로부터 '은둔 왕국'이라 불리었으니, 오로지 가톨릭 선교사들만이 금압령(禁壓令)의 위험을 무릅쓴 그들의 용기로써 외국인들에게 폐쇄적이었던 이 나라를 일찍이 세상에 소개할 수 있었다. 이 서문은 특히 개화기에 들어서기 이전, 다시 말해서 19세기 말 마침내 일본 및 서구 열강과 조약을 맺기 이전에 조선이 어떤 나라였는가를 다룰 것이다.

땅과 산물

조선은 22만 제곱킬로미터의 면적에 특히 산이 많은 나라다. 만주의 장백산[珊延阿林]에서 시작된 거대한 산줄기가 때로는 아주 가깝게 동쪽 해안을 끼고 그 굴곡을 따라 북에서 남으로 뻗어 있다. 이 대간(大幹)에서 다시 갈려져 나온 지맥들이 거의 나라 전역으로 퍼져나간다. 서쪽 일부 지역에 평야가 조금 있다고는 하나 드넓은 평지라기보다는 다른 곳에 비해 산이 높지 않고 드문드문한 장소라 하겠다.

예전에는 숲이 많았고 거기에 특히 소나무나 전나무 등의 재목이 많이 있었다. 그러나 지난 40여 년간 벌채의 결과로 이제는 거의 남은 것이 없다고 말할 정도다. 조선 땅에는 금·은·동·흑연 등의 광물이 풍부하게 매장되어 있다. 철광석은 흔히 볼 수 있고 현재 채굴 중인 몇 군데 탄광은 꽤 번창하고 있다.

조선의 평균 위도는 스페인이나 알제리, 또는 미국 중부 지역과 같지만 기후의 경우 이들 지역에 비하여 겨울 추위는 더 혹독하고 여름은 더 덥다. 7월이면 장마철이 시작되어 대개 두 달 이상 계속된다. 이는 농사에 큰 도움이 되는데, 벼가 나라의 주된 경작물인 이곳에서 이 귀한 곡식이 잘 자라기 위해선 물이 필요하기 때문이다. 벼 이외에도 조선에서는 보리·조·수수·옥수수·메밀·콩 등과 여러 종류의 강낭콩이 재배된다. 이곳이 목화 재배에도 적합하긴 하나, '고시피움 헤르바세움(Gossypium herbaceum)'이란 이름으로 알려진 한해살이 품종만 잘 자란다. 담배는 대량으로 재배된다. 이곳의 토종 과일들은 대개 별맛이 없다. 하지만 감은 예외인데, 조선의 과일들 가운데 가장 낫다. 포도는 산에서 자라는 야생종이 있어 시행착오와 더불어 정성을 쏟는다면 유럽 품종이 이곳에 뿌리내릴 수도 있을 것이다. 조선에는 많은 약용 식물이 있다. 그중에서 특히 '인삼'을 꼽을 수 있는데 그 뿌리가 무척 귀하다. 조선 인삼은 중국에서 그 수요가 높다. 오래전에 인삼 재배에 성공하였지만, 사람들이 특히 찾는 것은 산삼으로 금값에 팔린다. 인삼은 매우 강력한 강장제로서 이곳 사람들 사이에선 탁월한 효험을 보인다고 알려져 있다.

조선에는 수많은 야생동물이 있다. 사람들이 호랑이나 표범, 혹은 뱀 등에 해를 입는 경우가 매년 발생한다. 곰이나 멧돼지는 산속에서 흔히 볼 수 있다. 사슴은 사냥꾼의 주된 표적이 되는데, 그 뿔이 좋은 보약으로 쓰인다고 한다. 노루와 사향노루가 많이 있고 꿩·들오리·너새·두루미·백로 등도 많다. 이곳 사람들은 양을 알지 못한다. 식물학자의 말에 따르면, 이곳에 흔히 자라는 '사초(莎草)'와 유사한 어떤 풀 때문에 조선 땅에서 양을 키우는 데 큰 어려움이 있다고 한다. 그 대신 이곳엔 소가 많다. 소는 경작이나 운반에 사용된다. 조선 사람은 우유를 즐기지 않는 듯 젖소는 전혀 찾아볼 수 없다. 말이라 하면 몸집이 작은 종자가 있다. 밭일에는 쓸모가 없고 나귀나 노새처럼 짐을 실어 나르는 데 쓰일 뿐이다. 예전엔 도로가 없었기 때문에 다른 운반 수단은 사실상 사용이 어려웠을 것이다. 또 다른 가축으로는 개와 돼지가 있다. 개고기는 사람들이 즐겨 먹는 음식 가운데 하나다. 끝으로, 조선의 동물계를 언급하면서 이 아름다운 '고요한 아침'의 나라에 들끓는 벼룩·이·빈대·바퀴벌레 따위의 온갖 해충들을 빼놓을 수는 없겠다.

환경

조선의 환경은 대체로 양호하다. 그러나 일부 지역에선 학질이 기승을 부리고 나쁜 수질 때문에 열병이 발생하기도 한다. 예전에는 티푸스·콜레라·이질·천연두 등이 매년 큰 피해를 입혔다. 일본인들이 들어온 이후 위생 조치를 곳곳에 취한 덕분에 이러한 병마를 더 잘 물리치게 되었고 희생자 수도 많이 줄어들었다.

백성

조선인은 단일 민족과는 거리가 멀다. 조선인을 보면 몽골계—주로 퉁구스계—가 유럽계와 섞인 것처럼 보이는데 일부 학자들에 따르면, 이는 반도의 최초 거주자들이 서쪽 아주 먼 곳에서 왔다는 가정을 가능케 한다. 이러한 일차적 요소에 1)북쪽과 그 지역 포구에 오랜 세월에 걸쳐 자리 잡게 된 중국계, 2)인도네시아·폴리네시아계와 뒤섞인 말레이계, 3)일본계 등이 차례로 더해지게 되었다. 원시 시대에는 사실 육지보다 바다를 통한 이동이 더 수월하였다(이는 어디에서나 확인된 사실이다). 그리하여 일본이 아시아 대륙 남쪽이나 혹은 말레이 군도에서 떠나온 선인(船人)들과 같이 다양한 인종에 속하는 사람들에게 피신처가 되었듯이 반도국 조선의 해안에는 여러 시기에 걸쳐 온갖 인종의 이민자들이 도착하게 되었다.

이러한 연속적인 유입이 서로 더해지면서 결국엔 오늘날 우리가 보게 되는 바와 같이 여러 인종이 뒤섞인 인구를 형성하게 되었다. 이는, 비록 일반적으로 그들의 얼굴이 무척 두드러진 몽골적 특징을 보인다고는 하지만, 우리가 이곳에서 매우 다양한 유형의 조선인들을 만나게 되는 이유를 설명해준다. 현재 조선에는

1,700만 명이 조금 넘는 조선인이 있고(1923년 인구조사) 일본인은 35만 명 정도이며 중국인은 단지 수천 명에 불과하다.

공식 통계를 따르면 조선의 평균 출생 수는 1,000명당 28명 정도다. 천주교인들만 따지면 그 수가 1,000명당 42명에 달한다 (1923년).

언어

조선어는 중국어와 상당히 다르다. 중국어는 단음절어인데 조선어는 다음절어로서 교착어의 한 갈래에 속한다. 조선어는 한편으로 일본어와 이웃하고, 다른 한편으로 우랄 알타이어족—몽골어·퉁구스어·터키어·사모예드어 등—과 가까우며, 또한 인도의 드라비다어족—타밀어·말라바르어 등—과도 유사한 점이 많아 보인다. 조선어는 1443년 이후로 한글 자모를 사용하는데, 일설에 따르면 티베트 문자를 모방한 것이라 하며 모음 11개와 자음 14개의 25개 낱자로 이루어져 있다. 이전에 조선에선 중국 문자만을 알았으므로 음성 언어는 글로 적을 수 없었으며, 모든 것이 한자로 기록되었다. 그러므로 조선어가 그 어휘에 있어 한자어를 많이 차용했다는 점은 놀랍지 않다. 그런 점에서 본다면, 한자어는 라틴어나

희랍어가 현대 서구 언어들의 학술 용어 형성에서 했던 것과 같은 역할을 조선에서 하고 있다.

오랫동안 중국에 예속되었던 조선은 항상 숭문(崇文)을 표방하였다. 하지만 조선의 학식 배양은 언제나 중국 방식을 모방했을 뿐, 국가적 특징을 전혀 갖고 있지 못하였다. 게다가 한글 자모의 창제 이후에도 교본이나 공문서는 계속해서 한글이 아닌 한자로 작성되었다. 언문책은 여자들이나 혹은 한자를 모르는 자들을 위한 것이었다. 예전에 조선의 선비는 한글을 모른다 하는 것이 오히려 자랑이었다. 어렵기 그지없는 한자를 안다는 자부심에 사로잡힌 선비로서는 음소 문자이면서 또한 그 조합이 너무 간단한 한글이 별로 탐탁지 않게 느껴졌던 것은 아닐까?

양근군에 있는 권일신(프란치스코 사베리오)의 무덤
떼를 입힌 봉분 세 개가 보인다. 가운데 있는 것이 권일신의 무덤인데 곁에 서 있는 사람은 이 순교자의 후손이다.

이승훈(베드로)의 무덤
서울에서 60리 떨어진 곳으로 제물포에서 멀지 않다. 이승훈은 1784년 베이징에서 영세를 받은 최초의 조선인으로, 조선에 그리스도교를 들여왔다.

사회 계급

조선 사회는 예전에 양반·상민·노비의 세 계층으로 나뉠 수 있었다. 양반은 높낮은 벼슬자리를 거의 독차지하다시피 하였다. 그들에겐 군역이 면제되었고 주거의 불가침이 보장되었다. 이들 양반은 너무도 세력이 강하고 또한 자긍심도 세서 내부적 반목에도 불구하고 수세기 동안 자신들의 특권을 유지할 수 있었고 또한 때에 따라서 일반 백성과 관리들, 심지어 왕에게까지 맞서는 경우도 있었다. 조선의 양반은 어디를 가나 상전으로, 폭군으로 행세하였다. 그들의 숫자는 세월이 흐르면서 엄청나게 증가하였는데, 누구나 관직에 종사한 것은 아니었고 손수 일하는 것도 꺼렸기에 가렴주구만으로 살아가는 이가 많았다.

그러므로 지나친 일반화의 오류 없이, 조선의 양반층은 한때이 나라의 커다란 폐해였다고 말할 수 있다. 상민은 조선 사회에서 아무런 힘이 없었다. 그들이 할 수 있는 일이란 그저 고개를 숙인 채 양반들의 박대를 군말 없이 견뎌내는 것뿐이었다. 노비는 그리 많지 않았다. 그들은 주로 부호(富戶)에 거주하였고 대체로 썩 나쁘지 않은 대우를 받았다.

가족

가정에서 최고의 덕목은 부모, 특히 아버지에 대한 자식들의 공경이다. 조선의 여인은, 특히 양반이나 선비 집안에서는, 전혀 존중받지 못했다. 여인은 남자의 아내라기보다 그의 종이었다. 일단 결혼을—그것도 본인의 취향이나 의사와 상관없이—하고 나면, 여인은 엄격하게 격리되어 살았다. 20년 전부터 이런 상황에 다소 변화가 생겼다고 말할 수 있다.

국왕과 정부

왕은 원칙적으로 모든 신민을 다스리는 무소불위의 절대군주였다. 그러나 우리가 앞서 살펴보았듯이, 양반들이 때로는 왕의 권위에 맞서기도 하였다. 왕은 거의 신적인 경배의 대상이었다. 왕의 초상을 주화에 새기는 일은 결코 없었다. 그의 성안(聖顔)이 비천한 백성의 손에 들어가거나 땅바닥에 굴러다니게 한다는 것은 왕에 대한 결례였을 것이기 때문이다. 중국의 종주권 아래에 있던 조선 왕국은 1894년까지 중국 명나라의 제도를 모방하였다. 모든 일에 있어서 결국 결정을 내리는 것은 왕이었고, 그는 그 과정에서 영의정·좌의정·우의정 세 명의 대신으로 이루어진 의정부에 조언을 구하곤 하였다. 의정부 아래로는 승정원·사헌부·사간원·의금부와 호조·예조·병조·형조·공조·이조의 육조가 있었다. 조선 왕국은 8도로 나누어져 그 아래 300여 남짓 되는 군(郡)이 있었다. 각 도와 고을의 수장(首長)으로는 관찰사와 수령이 있었는데 이들은 무척 다양한 권한을 손에 쥐고 있었다. 이들은 때에 따라, 혹은 동시에, 행정관이요, 군 지휘관이요, 사법관이요, 봉세관이었으며 사직지신(社稷之神)에 정기적으로 올리는 제사와 공자를 모시는 제사[석전제(釋奠祭)]의 제관이기도 하였다.

매년 조선의 왕은 종주국인 중국 베이징에 사절을 파견하였는데, 그 임무는 황제에게 조공을 바치고 책력을 받아 오는 것이었다. 책력을 정하는 일은 오로지 천자에게만 주어진 고유 권한이었기 때문이다. 그런데 이러한 조공은 천자가 왕에게 내리는 회사(回謝)로 충분히 보상받은 것으로 보인다. 다만 이는 천자가 왕을 흡족하게 여기는 경우에 한하는데, 실제로 중국 측 기록에 따르면, 황제가 때로는 수년간 조선 왕에게 회사품을 내리지 않은 적도 있었다고 한다. 왕실이 상을 당하면 중국 사신이 황제의 하사품을 들고 서울에 조문을 오기도 하였다. 끝으로 조선에 새 임금이 즉위하게 되면 베이징으로부터 황제의 사절이 도착하여 왕을 책봉

하였다. 중국은 조선인들에게 있어서 '대국'—중국을 가리킬 때 주로 이 명칭을 사용하였다—이었던 것이다. 하지만 이러한 예속 관계의 흔적을 제외하면 조선은 나라 안의 일을 처리하는 데에 있어서는 사실상 독립국이었다. 이웃하는 강국들과 겨루기엔 너무나 약했던 조선은 스스로 문을 닫아건 채 외국인들의 출입을 금했고 이를 어길 시엔 엄벌로 다스렸다.

종교

조선인은 무엇보다 먼저 천·지·일월성신과 자연의 여러 신령을 숭배했고, 이러한 원시 신앙의 흔적은 오늘날까지도 이들의 믿음 속에 많이 남아 있다. 세월이 흐르면서 이런 민간 신앙에 온갖 미신과 헛된 금기, 유·불교적 전통 등이 더해지게 되었다. 일본인들이 들어오기 이전에는, 나라에서 치르는 두 가지 종교 행사가 있었다. 첫째는, 중국의 대사(大祀)를 본뜬 것으로, 천신·지신·산신·강신·사직지신 및 선왕과 선현의 위패 앞에 제찬(祭饌)을 진설하고 분향을 올리는 일이었다. 이런 제사는 왕이 친히 주재하거나, 혹은 대신이나 이 일을 위임받은 관리들에 의해 치러졌다. 일반 가정에서도 역시 조상의 위패에 제찬을 올리고 분향을 하였는데, 다른 집안의 제사나 국사(國祀)에 참여하는 일은 결코 없었다. 공자를 모시는 석전제 역시 이러한 제사들에 포함되는데 중국에서와 같이 특별한 행사가 열렸다. 나라에서 마련하는 두 번째 종교 행사는 불교 행사였다. 4세기경 조선에 전래된 불교는 반도 전체에 성공적으로 퍼져나갔고 일본으로도 전파되어 비슷한 성공을 거두었다. 불교의 세력은 커져만 갔고 곧 중세에 들어서면서 나라를 지배하기에 이르렀으나 15세기에 왕조가 바뀌면서 위세가 꺾이기 시작하였다. 불교는 일본인들이 들어온 이후에나 조선 왕조에 박탈당했던 자유를 되찾을 수 있었다. 현재 불교는 정부로부터 큰 혜택을 받고 있으며 통계에 따르면 7,600명의 남녀 승려들이 관리하는 40개소의 본사(本寺)와 1,306개소의 말사(末寺)를 보유하고 있다. 일본인들은 불교를 부흥시키는 것에 만족하지 않고 반도에 신도(神道)를—자기네 민족 신화와 더불어—들여왔다. 그들은 현재 곳곳에 신도를 전파하려 애쓰고 있으며 벌써 6,000명에 가까운 조선인들이 그 추종자가 되었다.

나라에서 공인하는 이런 종교들 이외에 또 다른 종교 단체들—그 명칭이나 신앙 혹은 추구하는 목적에 있어 아주 다양한 집단—이 존재한다. 비밀결사의 성격이 다소간 있고, 종교적이라기보다는 정치적인 목적을 추구하였으나, 현재 그들이 설파하는 교리로 보건대 무엇보다 일본 정부와의 마찰을 두려워하는 듯이 보이는 이들 단체는 나라 전체에 걸쳐 그 세를 점점 더 확장하고 있고, 파벌이 갈리기도 하고, 시대의 복잡한 상황이나 혹은 교주의 변덕에 따라 명칭이나 강령을 바꾸기도 한다.

이런 단체들 가운데 그 규모가 가장 큰 것이 천도교(天道敎)다. 세워진 지 60년 남짓 된 천도교는 유·불·선의 혼합에 그리스도교를 다소 가미한 것이다. 천도교는 스스로를 조선의 유일한 국교라 주장하여 일찍이 새로운 것이라면 무조건 적대시하던 유생(儒生)들의 증오심을 불러일으킨 바 있었다. 당시 천도교는 사람들이 서학이라 부르던 천주교와 맞서기 위해 스스로를 동학(東學)이라 불렀다. 그 교주 최제우는 1864년 역적으로 몰려 처형당하였다. 일본인들의 조선 진출과 한일병합 이전까지 이 교단은 조직적인 저항 활동, 그리스도교에 대한 증오, 외국인에 대한 배척 운동 등으로 특히 유명하였다. 오늘날에도 여전히 그 정신은 살아 있다. 하지만 시대의 변화에 맞춰 천도교는 그 과격함이 많이 줄어들었고 이제는 교육·언론 등의 사업을 통한 조선 청년층의 지도에 힘쓰고 있다. 현재 천도교의 교인 수는 수십만 명에 달한다.

이 교단으로부터 내부 불화의 결과로 시천교(侍天敎)라는 경쟁 단체가 갈려 나오게 되는데, 추구하는 목적은 동일하다 하며 또한 동일한 교리를 내세운다. 시천교에 몰린 교인은 10만 명에 가까운데, 벌써 경향이 다른 두 무리로 나누어졌다. 끝으로 참고삼아 언급하자면 대종교(大倧敎), 단군교(檀君敎)—후자가 전자로부터 갈라져 나왔는데, 둘 다 조선 민족의 전설적 시조인 단군에 대한 숭배를 되살리려 한다—, 청림교(靑林敎), 태일교(太一敎) 등도 있다. 이 모두가 미신적 신앙들과 위험한 교리들의 잡탕으로, 믿음에 빠지기 쉬운 민중을 농락하려는 경향이 강하다.

이러한 것이 조선에서 이교(異敎)의 상황이다. 이런 온갖 교리들과 접하면서 조선 민중의 영혼은 점차로 종교적 절충주의에 익숙해지게 되었고, 또 서로 근원이 다른 이런 다양한 전통이나 가르침이 사람들의 정신 속에서 서로 뒤섞여 기묘한 무엇인가를—일종의 타성이랄까, 내세에 대한 철저한 무관심, 모든 종교적인 것에 대한 현실적 회의론이랄까—한마디로 말해서 일종의 무신론을 낳게 되었다. 그러나 이렇듯 신앙심이 결여된 조선인일지라도 미신이라면 무척 따른다. 그들은 도처에 귀신이 산다고 여기고 길일과 흉일을 믿으며 무슨 일만 생기면 주술사, 점쟁이, 무당 따위를 찾는다.

가경자 김대건 안드레아로 조선인 사제이며 순교자다
(1821~1846)
1920년 조선인 화가 장 루도비코가 그린 유화다.

조선 민족의 기원

그 기원에는 우선 다음과 같은 전설이 있다. 천제(天帝)의 아들
이 하늘에서 무료하게 지내던 차에, 아버지로부터 허락을 얻어 무
리 3천을 이끌고 땅으로 내려왔다. 그는 지금의 평양 지역, 어느 단
목(檀木) 아래에서 스스로 천왕(天王)임을 선포하였다. 불행하게도
그는 아직 사람의 형상을 지니지 못했고 그 때문에 지상의 왕국

을 다스리는 데에 많은 어려움을 겪었다. 오래지 않아 그의 문제는 해결된다. 어느 날 그는 어떻게 하면 사람이 될 수 있는가 궁금해 하는 호랑이와 곰의 대화를 엿듣게 되었다. 느닷없이 어디선가 천상의 목소리가 들려와, 소원을 이루기 위해서는 삼칠일(三七日) 동안 햇빛이 없는 곳에 칩거해야 한다고 그들에게 알려주었다. 곰과 호랑이 모두 그 말에 따랐으나 오직 곰만이 끝까지 버틸 수 있었고 결국 여자로 변하였다. 여인의 첫 번째 소망은 아들을 하나 갖는 것이었다. 그때 천왕이 바람을 타고 날아와 냇가에 앉아 있던 여인의 주위를 한 바퀴 돌고 난 뒤, 그녀에게 강한 입김을 내불었다. 얼마 안 되어 여인은 아들을 낳았고, 예전에 천제의 아들이 천왕임을 선포하였던 바로 그 단목 그늘진 곳의 이끼풀 위에 아이를 내려놓았다. 몇 년이 흐른 뒤 나라의 구족(九族)이 나무 아래에서 아이를 발견하고 그를 왕으로 삼았다. 이렇게 하여 최초의 조선 왕국, 고요한 아침의 나라가 세워졌다. 전설에 따르면 그때가 기원전 2333년이었다 한다.

이 신기한 인물은 천 년 이상을 살았다고 하며, 어느 날 갑자기 세상에서 사라졌다고 하는데, 그가 어디로 갔는지는 아무도 모른다. 어쨌건 사람들은 오늘날 강동군에 있는 그의 능에 참배를 올린다. 전설은 때로 이런 모순을 갖고 있다. 단군(檀君)―이것이 곧 그에게 붙여진 이름인데―의 후계자들은 곧 중국의 침입을 받게 되어 땅을 내주어야만 했고(1122년), 침략자들이 두 번째 조선 왕국을 세우는 동안, 그들 자신은 북동쪽으로 이동하여 부여 왕국을 건설하였는데 만주의 송화강이 그 강역(疆場)이었다고 한다. 기원전 194년, 중국이 다시 침입하여 여전히 똑같은 영토(조선 북동 지역과 만주 남부)에 세 번째 조선 왕국을 세웠다. 이 왕국은 기원전 108년 중국 한나라의 군사 보호령이 되었지만, 그 기간은 단지 수십 년에 불과하였다. 기원전 194년에는 또한 세 개의 부족연맹체― 조선 남서 지역의 54개 부족연맹인 마한, 남동 지역의 12개 부족으로 형성된 진한, 그리고 남부의 13개 부족으로 형성된 변한―가 생겨났다. 이 부족연맹체는 아마 좀 더 유리하게 침략자들과 맞서 싸우기 위해서 형성된 것이었을 듯하다.

　기원전 57년이 되면, 우리는 이제 엄밀한 의미에서 역사의 범위 안으로 들어선다. 즉 삼국 시대다. 북쪽의 고구려는, 세 번째 조선 왕국으로부터 형성되었으며, 한나라의 속박에서 벗어난 뒤, 그 5세기 후인 서기 494년에 부여 왕국을 흡수하게 된다. 신라는 진한 부족연맹체에서 형성되었고 곧 변한 부족연맹체(조선 남부)까지 흡수하게 된다. 마지막으로 백제는 마한 부족연맹체에서 형성되었다. 이들 삼국 간에는 불화가 끊이지 않았고 중국이나 일본과도 오랜 세월에 걸쳐 전쟁을 하게 된다. 서기 4세기경 불교와 한학이 반도에 들어오고, 반도에서 다시 일본으로 전해진다. 8세기에는 유교가 나타나고, 이어서 반도를 거쳐 일본으로 건너간다. 681년부터는 민족적인 단일성이 형성되는 시기다. 고구려와 백제가 중국 당나라와 신라에 굴복하고, 신라는 9세기에 일어난 내란으로 멸망한다.

신라를 대신하여 918년, 마침내 반도의 단일 왕국으로서 고려―아름다운 산들의 나라, 서양어의 '코리아'가 여기서 유래―가 들어선다. 고려는 중국의 종주권을 받아들이는데, 성가신 일 없이 평화롭게 살기 위해선 그것만이 유일한 방법이었다. 수세기 동안 중국 문명과 불교의 영향이 점점 더 커져가는 것을 보게 된다. 또한 지적할 것은 문·무관 사이의 알력 심화, 귀족 관료와 유생 계층의 출현 등이다. 1392년 중국에서 몽골 왕조가 명나라에 내쫓겨 몰락한 데에 뒤이어, 반도에서도 역모가 일어나 고려 왕조를 내몰고 새로운 조선 왕국을 세우게 된다. 그러자 불교에 대한 극심한 배척이 일어나게 되고, 유생들이 승리를 거두게 된다. 그 200년 후엔 일본이 조선을 침략하고, 한때 반도 전역을 점령했다가 남서 지방의 부산포만을 남겨둔 채 퇴각한다. 이때 이후로 조선 왕은 일본 천황에게 자신의 즉위 사실을 통고해야 했고 공물을 바쳐야 했다.[1]

1636년 명나라를 몰아내고 만주 왕조가 중국에 들어서면서 조선의 예속은 더욱 심화되었다. 왕은 조공을 바치고 중국의 책력을 받아오기 위해 매년 베이징에 사절을 보내야만 하였다. 조선은 이렇듯 점점 더 움츠러들었다. 나머지 3세기 동안은 다음의 세 가지로 요약될 수 있다. 우선 여러 붕당의 출현과 그들끼리의 처절한 당쟁, 끊이지 않는 궁정 내의 음모, 그리고 18세기 말 이후로는 천주교인들에 대한 무자비한 박해 등……. 근대 조선에 어떤 일이 일어났으며 조선이 어떻게 외국에 문호를 개방하였고, 결국엔 일본의 지배하에 들어가게 되었는가는 이후에 자세히 다룰 것이다.

이상이 대략적이나마 이 이교 민족의 모습이다. 이러한 몇 가지 설명으로, 천주교회가 한 세기가 넘는 동안 이 나라를 참신앙으로 개종시키기 위해 쏟은 노력과, 또한 이곳에 그리스도의 왕국을 세우기 위해 벌인 치열한 투쟁을 독자들은 더 잘 이해할 수 있을 것이다.

의주 남문
선교사들이 포졸들을 피하여 몰래 드나들던 비밀 문이 오른편에 보인다.

차례

제1부

✝

그리스도교의
조선 유입과
최초의 박해들

(1784~1831)

LE CATHOLICISME EN CORÉE – SON ORIGINE et SES PROGRÈS

16세기 일본의 침입

1592년 다이코사마(太閤樣)란 이름으로 더 잘 알려진 히데요시(豊臣秀吉)는 조선에 원정군을 파견하였다. 그의 계획은 조선 반도를 점령하여 일본의 지배하에 두는 것이었다. 그의 20만 대군은 곧 조선군뿐만 아니라 조선을 돕기 위해 달려온 중국 명나라의 원군까지도 무찔렀다. 원정군의 병사들 가운데는 천주교인들이 상당수 있었다(성 프란치스코 하비에르Saint François-Xavier가 죽은 지 어언 40여 년이 지났고 당시 일본 교회는 무척 번영하였다). 일본에 있던 예수회 소속의 그레고리오 데 세스페데스(Grégoire de Cespédès) 신부가 조선에 파견되어 그리스도교인 병사들 가까이에서 성무 활동을 벌이게 되었다. 그와 동시에 세스페데스 신부는 여러 차례에 걸쳐 조선인들에게 그리스도교의 교의를 전파하려 애썼으나 그의 열성은 어떤 성과도 낳지 못했고(1594년) 이듬해 그는 일본으로 되돌아가야만 하였다. 게다가 그 얼마 후엔 다이코사마가 위독하여 전군을 조선에서 철수시키게 되었다.

일본군이 조선 땅에 머무는 동안 많은 포로를 붙잡았는데, 그들은 일본에 노예로 끌려가게 되었다. 그들 가운데 여럿이 복음을 듣고 입교하였고 17세기 초 박해가 일어났을 때 예수 그리스도를 고백하는 영광을 그들의 일본 교우들과 함께 나누는 큰 명예를 누렸다. 그들의 삶과 순교는 일본 교회에 속하는 것이 사실이다. 하지만 그 태생을 따졌을 때 그들은 조선 교회의 시초라 할 수 있다. 그들 중 아홉 명은 비오 9세(Pie IX)가 1867년 7월 7일 시복(諡福)한 순교자 205인 명단에 그 이름이 올라가 있다.

조선 최초의 천주교 입교자들(18세기)

위에 이야기한 사실로 왜란 중에는 조선인들에게 효과적으로 복음을 전파하는 것이 불가능했다는 것을 알 수 있다. 그럴 만한 상황이 아니었다. 조선인들은 침략자들을 뒤따라와서 새로운 신앙을 전파하려는 선교사의 말에 귀를 기울이려 하지 않았다. 그로부터 2세기가 지나서야 비로소 조선에 구원의 날이 밝게 된다. 하느님이 이번에는 의식적 도구[2]들을 사용하지 않고 어떻게 모든 것이 자기 뜻대로 이루어질 수 있게 하였는지 이제 살펴보기로 하자.

조선 교회가 직접적인 복음 전파를 거치지 않고 탄생할 수 있었다는 것은 진정 놀라운 일이다. 성서의 한 구절을 다시 읽어보기에 좋은 기회다. "지혜는 세상 끝에서 다른 끝까지 거침없이 퍼져나가 만물을 보기 좋게 정돈한다(*Attingit a fine usque ad finem fortiter, et disponit omnia suaviter*).[3] 우리가 서문에서 보았듯이, 조선의 왕은 매년 황제에게 조공을 바치기 위해서 베이징에 사절을 파견해야만 하였다. 그런데 이 사신들이 중국의 수도에 머무는 동안 궁에 기거하던 예수회 선교사들을 만날 기회를 가졌다. 선교사들은 여러 차례에 걸쳐 그들에게 자신들이 지은 한서들—자연과학이나 혹은 천주교를 다룬 서적들—을 주었다. 조선의 기록에는 이미 1631년에 조선의 사신 한 명이 예수회 선교사들과 교류를 했다는 언급이 있고, 리치(Ricci) 신부의 『천주실의(天主實義)』는 17세기 초에 이미 조선에 알려져 있었다. 무척 호기심이 많고 지식을 탐하는 조선의 선비들은 곧 그러한 서적 여러 권을 수중에 넣게 되었고 서로 돌려 보기도 하였다.

어느 날, 명성 있는 조선인 학자 몇 명이 함께 은둔하며 강학(講學)에 몰입하려는 생각을 하게 되었다. 그들 가운데엔, 벽(僻), 즉 고집쟁이란 별명을 가진 이덕조를 비롯하여 권철신과 정약전·약용 형제가 있었다. 인성과 천(天), 세상에 관한 여러 문제를 고찰한 이후에, 그들은 자신들의 수중에 들어온 그리스도교 서적들을 함께 훑어보기에 이르렀다. 그런데 신의 섭리, 영혼, 미덕과 악덕에 관해 거기에 드러난 가르침이 그들에겐 너무 좋아 보였기에 그들은 즉시 자신들의 품행을 신의 계명에 일치시킬 것을 결심하였다. 1777년의 일이다. 소중한 씨앗이 뿌려졌다. 그것이 서서히 싹트는 것을 우리는 보게 될 것이다.

1783년, 이벽의 절친한 친구인 이승훈이 사신으로 임명된 부친을 배행하게 되었다. 이벽은 친구의 베이징행이 더없이 좋은 기회라는 것을 곧 깨달았다. 그는 서둘러 예수회 선교사들의 책에 나와 있는 교리를 친구에게 알려주었고 베이징에 가는 김에 이러한 교리에 관해 자세히 알아볼 것을 권유하였다. 이승훈은 그가 들은 것에 놀라고 감탄하며 선교사들을 찾아가 물어보겠다고 약속하였다. 그는 약속을 지키는 것에 그치지 않고 훨씬 더 많은 일을 하게 되는데, 선교사들은 물론 고명한 베이징 주교인 프란치스코회의 알렉산드르 데 구베아(Alexandre de Govéa)와 빈번한 만남을 가졌던 이승훈은 곧바로 천주교인이 되기로 결심하였고, 베드로라는 세례명으로 영세를 받았으며, 십자고상·묵주·상본 및 그리스도교 서적들을 가지고 1784년 조선에 되돌아왔던 것이다.

가성직제도의 수립

이벽은 베이징에서 들여온 서적들을 열심히 공부하기 시작하였고, 곧 그의 친구인 이승훈으로부터 세자 요한이란 세례명으로 영세를 받았다. 하지만 그는 거기에 만족하지 않고 새 교리의 열성적인 사도가 되기를 원하였다. 그는 같은 시기에 프란치스코 사베리오라는 세례명으로 영세를 받은 권일신의 도움을 받아가며 방인(邦人) 여러 명을 입교시키는 데 성공하였다. 이러한 입교가 늘어나자 이를 못마땅하게 여긴 몇몇 유생은 신문교우들에 대한 박해를 도모하였다. 이것이 비록 대대적인 박해로 번지진 않았으나 몇몇 교우는 갖은 고문을 당해야만 하였고 이벽은 불행하게도 배교를 하고 말았다. 이승훈 역시 잠시 심약함을 보인 시기가 있었으나 이내 용기를 되찾았고 그 얼마 후에는 하나의 커다란 계획—조선에 가톨릭 교계제도를 수립한다는 계획—으로 들떠 있는 것을 보게 된다. 그는 베이징에서 주교를 비롯한 여러 성직자를 만났고, 미사성제(聖祭)에 참석했으며, 또한 성사(聖事)들이 어떻게 집행되는지도 봤다. 게다가 그는 전례(典禮)의 조직을 다룬 서적도 갖고 있었다. 더 무엇이 부족한가? 저 조선인 신문교우들 가운데 사제가 나오지 말란 법이 어디 있는가? 그리하여 교우들이 모여 수차례 회의를 거친 후에 권일신이 주교로 선출되고 이승훈과 다른 몇 명은 신부가 되었다. 모든 이가 절대적 선의 속에서 복음을 전하고, 영세를 주고, 고해를 듣고, 견진(堅振)을 베풀고, 미사를 거행하기 시작했고 신도들은 크게 열광하였다.

그들이 그러한 다양한 성무 활동에 전념한 지 어느덧 2년이란 세월이 흘렀을 때(1789년), 교리 서적 중 어떤 것을 좀 더 주의 깊게 살펴보던 중 그들은 스스로 사제로 선출된 것이 과연 유효한가에 대한 불안한 의구심을 갖게 되었다. 그들은 그 즉시 모든 성무를 중단하고 베이징 주교에게 서신으로 문의하였다.

베이징 주교는 회신을 통해, 신앙을 굳게 지켜나가라고 그들을 격려하는 동시에 오로지 로마 가톨릭교회만이 신품성사(神品聖事)를 거쳐 내릴 수 있는 성무 수행의 권한을 감히 스스로 취한 점에 대해 그들을 나무라고 몹시 꾸짖었다. 또한 주교는 이들을 달래기 위해서, 그렇지만 전도하고 교우들을 가르치고 외교인들을 개종시키고 영세를 주는 등의 성무 활동에 임하는 것은 하느님도 마음에 들어할 일이기에 허락된다고 덧붙였다. 주교의 답장을 받은 조선인들은 크게 기뻐하였고, 곧바로 그 지시대로 따랐다. 하지만 성사의 집행을 통해서 성교(聖敎)에 삶을 부여하고 진정한 힘을 실어주는 사제가 존재하지 않는다면 자신들이 믿게 된 이 종교가 얼마나 공허한 것인가를 깨닫게 된 조선인들은 선교사를 청하고 동시에 일부 관습들의 적법성과 조상 제사에 관해 문의하기 위해서 서둘러 두 명의 대표를 베이징에 보냈다(1790년).

주교는 조선 교우들을 돌보고 이끌기 위해 곧 선교사 한 명을 파견할 것이라고 약속하였고 동시에 미신과 조상 제사는 모두 불법적인 것이니 그것들을 경계하라고 명하였다. 사제가 곧 온다는 소식을 접한 교우들은 크게 기뻐하였다. 하지만 제사에 관한 의식(意識) 문제[4]의 해결이 몇몇 사람에겐 걸림돌이 되어버렸다. 한때 배교하는 약함을 보였고 조선에 교계제도를 수립하려는 신성한 욕구에 사로잡히기도 했던 이승훈 역시 돌아가신 부모를 모시는 미신적인 관행을 포기할 수 없었던 사람들 가운데 하나였다.

중국인 신부 주문모 야고보의 입국과 순교

1791년 베이징 주교는 그가 약속했던 바대로 마카오의 사제, 요한 도스 레메디오스(Jean Dos Rémédios) 신부를 조선 국경으로 보냈다. 하지만 박해가 막 일어난 터라[5], 교우들은 선교사에게 길을 안내해줄 사람을 정해진 약속 장소에 보낼 수가 없었다. 사제는 유감스럽게도 베이징으로 되돌아가야만 하였다. 그러는 사이에 서울과 지방에선 많은 신문교우가 고통 속에서 예수 그리스도의 이름을 고백하였고 순교의 월계관을 차지하였다. 그러나 당시 여러 명의 변절자가 있었다는 것은 유감스러운 일이다.

이러한 박해와 늘 발생하는 이런 배교 행위들에도 불구하고 그리스도교인의 수는 1794년에 4,000명 이상으로 늘어났고 사제의 필요성이 점점 더 커졌다. 이런 와중에 요한 도스 레메디오스는 조선에 잠입하지 못한 채 죽었다. 그의 후임으로 지명된 이는 중국인 사제 주문모(周文謨)였다. 운이 따랐던 그는 자신을 안내하러 온 교우들과 만날 수 있었고 1795년 초에 서울에 들어왔다. 그는 열성적으로 성사를 집행하기 시작하였다. 하지만 곧 그의 존재가 알려지면서 왕명에 의해 신부에게 체포령이 떨어졌다. 그는 간신히 안전한 장소로 몸을 피할 수 있었지만 그의 가주(家主)와 그를 조선으로 안내했던 교우 두 명이 체포당하였다. 세 사람 모두 순교의 영광스러운 죽임을 당했고 그들의 시신은 서울에서 10리쯤 떨어진 강물에 던져졌다. 박해는 일부 지역에 국한된 것이라 곧 잠잠해졌고 선교사는 매사에 조심하며 5년 동안 별 탈 없이 교우들에 대한 성사 집행에 전념할 수 있었다. 실제로 그리스도교인의 숫자는 늘어만 갔으니 1801년에는 만 명 이상을 헤아리게 되었다.

신앙의 전파를 장려하고 또한 한 사람의 사제가 도맡기에는 너무 벅찬 성무 활동에 도움을 받기 위해 그는 그리스도교 교리 연구회[명도회(明道會)]를 세웠다. 이 연구회는 신도들을 무척 열광케 하였으며 놀라운 성과를 이루어냈다. 그리하여 교우들은 진리가 마침내 승리를 거두게 되리라는 희망을 품게 되었다. 대신(大臣)들의 은밀한 방해에도 불구하고 입교는 특히 서울에서 늘어만 갔다. 불행하게도 정조[6]가 갑작스레 사망하였다. 왕세자가 너무 어렸기에 섭정이 이루어졌다. 그때까지 권력을 잡고 있었고 특히 그 내부에 천주교가 전파되었던 시파(時派)가 모든 신망을 잃게 되었고 섭정 대왕대비에 충성하고 그리스도에 적대적인 벽파(僻派)에 내쫓기고 말았다. 한 불행한 사건이 곧 박해의 불길을 다시 일으키기에 충분하였다. 천주교 서적과 성물(聖物), 그리고 주문모 신부의 편지 여러 장이 들어 있는 궤짝 하나가 포졸들에 의해 발견되었고, 이에 관원들 쪽에선 큰 야단이 일었다. 교우들은 또다시 쫓기고 붙잡히고 옥에 갇혔다. 신부는 자신의 목에 현상금이 걸린 것을 알고, 또한 교우들의 고통을 덜어주고자 1801년 4월 21일 스스로 판관들을 찾아가 자수하였다. 의금부에서 그는 웅변으로써 천주교 신앙을 변호하였고, 갖은 고문을 당한 이후에 사형을 선고받고 5월 31일 삼위일체 대축일에 처형당하였다.

수많은 그리스도교인의 순교

같은 해에 300명의 교우가 차례로 순교의 월계관을 차지하였다. 그것은 조선 교회를 피로 물들인 네 차례의 큰 박해 사건 가운데 첫 번째였다. 우리는 앞으로 조선 교회가 1839년·1846년·1866년 그리고 그 이후에도 얼마나 많은 교우를 그 순교자 명부에 올리는지 보게 될 것이다. 1801년 한 해 동안 예수 그리스도를 고백한 이 용감한 사람들의 이름을 모두 열거하자면 끝이 없을 것이다. 그래도 몇몇 사람은 특별히 언급할 만하다. 주문모 신부의 죽음 얼마 후에 굳세고 모범적인 여교우로 수년간 자신의 목숨을 걸고 천주교 신부를 보살펴주었던 강완숙 골롬바가 순교하였다. 같은 시기에 주문모 신부가 입교시켰던 이들로 왕실과 친척 간인 부인 두 명이 몸종들과 함께 사약 그릇을 비워야만 하였다. 조선 남부의 전주에선 이제 갓 결혼한 유중철 요한과 이순이 루갈다 부부가 신앙을 위해 아낌없이 그들의 피를 바쳤다. 이순이는 혼인 전에 동정서원(童貞誓願)을 한 바 있었다. 하지만 조선에서 특히 그 시절에 처녀를 시집보내지 않는다는 것은 들어보지 못한 일이었다. 그리하여 주문모 신부는 심사숙고 끝에 이순이에게 그녀와 똑같은 생각을 하고 있던 유중철이란 청년과 혼인할 것을 권하였다. 혼사가 결정되었고, 두 사람은 혼인식 날 한평생 동정으로 남을 것을 맹세하였다. 그 얼마 후 그들은 순교의 월계관을 차지하였다. 이순이는 아직도 교우들 사이에서 큰 존경을 받고 있다. 그녀는 옥중에서 우아하면서 섬세한 여러 편의 글을 남겼는데, 그녀의 글은 모든 점에서 초대 교회 순교자들의 기록을 생각나게 한다.

끝으로 1801년 말에 저 유명한 황사영 알렉산데르가 죽임을 당하였다. 재능이 출중한 이 사람은 그리스도교 신앙을 받아들인 후 세속을 등진 채 주문모 신부를 도와 성교 전파에 힘썼는데 더할 나위 없는 헌신으로써 그 일에 임하였다. 박해가 시작되었을 때 그는 서울에서 벗어나 배론(충청도 지방)의 어느 옹기점에 피신하였고 그곳에서 베이징 주교에게 보내는 장문의 서한을 작성하였는데,

거기에서 그는 조선 교회의 고난을 상술하고 무력을 사용해서라
도 신도들을 구하러 와달라고 요청하였다. 10월 29일 자로 된 이
서한은 결코 그 목적지에 도달하지 못하였다. 황사영과 의논하러
왔다가 베이징에 서한을 보내는 일을 맡게 되었던 황심 토마스라
는 교우가 11월 2일 갑자기 체포당한 것이다. 11월 5일엔 포졸들이
황사영의 은신처를 찾아냈고 그 역시 체포되었다. 그들이 붙잡힐
당시에 누가 서한을 지니고 있었는지는 정확히 알 수 없다. 황사영
이 이미 그것을 황심에게 맡겼는가? 혹은 달레(Dallet) 신부가 그의
『한국천주교회사』에서 말하듯이, 아직 본인이 지니고 있었는가?
이 점은 아직 완전히 해명되지 않았다. 분명한 것은 그 당시 이 서
한이 정부의 수중에 들어갔으며 그것을 읽어본 조정은 공포에 휩
싸였다는 것이다. 서너 명의 교우가 꾸민 전혀 현실적이지 못한 계
획에 불과하였건만, 조선 정부는 그것을 유럽인들을 끌어들이고자
하는 천주교인 전체의 음모로 간주하였다. 확실한 증거가 지금 손
안에 있지 않던가? 그리하여 죄인들은 국사범으로 다루어졌다.

이들은 대역부도(大逆不道)의 죄가 인정되어 1801년 11월 29일
참수와 능지처참에 처해졌다. 조선의 그리스도교인들은 그 이후로
정부가 왜 끊임없이 그들을 탄압하는지 오랫동안 이해할 수 없었

다. 그들은 하나같이 그 이유를 판관들의 고약한 무함 때문이라고 믿었다. 선교사들 자신도 오랜 후에, 문제의 서한의 믿을 만한 사본을 얻게 되었을 때에야 비로소 어떤 일이 있었는지를 알 수 있었다. 원본으로 말하면 그것은 의금부[7]의 고문서들 사이에 증거물로 보관되어 있었다. 30여 년 전 그 고문서들을 파기하였을 때, 어떤 요행으로 그 귀중한 문서가 뮈텔(Mutel) 몬시뇰의 손에 들어왔다. 그 문서는 너비 38센티미터, 길이 62센티미터에 무게 16그램의 명주 조각에 쓰인 것으로 보존 상태가 썩 좋았다. 게다가 그렇게 작은 크기인데도 한 행에 평균 잡아 110글자씩 121행, 전부 다 해서 1만 3,000자 이상의 글자를 써넣을 수 있었다는 것을 생각하면 그것은 놀라운 세필 서예 작품이다. 보통 크기의 한자로 옮겨 적었을 때 50여 매의 책자(8절판)가 만들어진다는 사실 하나만으로도 이 인내의 작업이 어떤 것인가를 상상해볼 수 있다.

원본이 뮈텔 몬시뇰에게 전달되었을 때, 거기엔 다른 문서 하나가 딸려 있었는데, 그 역시 종류가 좀 다른 명주로 된 것으로, 거기에 쓰인 글은 글자 크기가 좀 컸고 황사영 백서(帛書)의 일부 구절만을 담고 있었다. 이 두 번째 문서의 끝부분에는 부기(附記)가 달려 있는데, 그것은 백서의 사본 혹은 발췌본으로서 베이징에 보내졌다가 그 이듬해(1802년) 되돌아왔다는 사실을 알려주는 듯했다. 아마도 조선 조정은 원본에 나오는 모든 내용을 다 전달하지 않을 만한 특별한 이유가 있었을 것이고 그리하여 백서의 일부 대목만을 베껴 적는 게 좋다고 생각했을 것이다. 다른 한편으로 사람들이 오랫동안 믿어왔던 것처럼, 그리고 달레 신부가 그의 『한국 천주교회사』에서 말했던 것처럼, 이 백서가 은현묵(隱現墨)으로 쓰였다는 것은 사실과 다르다. 보통의 먹이 사용되었고 글자들은 오늘날까지도 꽤 알아보기 쉬운 상태로 남아 있다.

척사윤음(1802년 1월 25일)

성교를 적대하던 자들은 신문교우들 가운데 여러 명의 주요 인물이 단지 유배에 처해진 것에 불만하여 섭정 대왕대비에게 죄인들 모두 처형할 것과 그들의 가산을 몰수할 것을 요구하는 상소를 올렸다. 조정에서는 윤허하지 않았다. 수차례에 걸쳐 그들은 청원을 되풀이하였다. 하지만 사정을 알게 된 젊은 왕은 이미 내려진 결정을 재론하는 것과 그러한 결정을 뒤집어보고자 금후 새로운 청원을 하는 것을 엄히 금하였다. 그 이후로 박해는 차츰 수그러들었고, 더 이상 그리스도교인을 추핵(推覈)하지 말라는 명이 내려졌다. 하지만 그와 동시에 (매우 동양적인 방식인데) 대신들 쪽에서 윤음(綸音)을 준비하였는바[8], 백성을 타일러 가르치는 유시(諭示)의 형식으로 무엇보다 그들 행위에 대한 변명과 또한 그리스도교에 대한 배척이 그 주요 내용이었다. 이 윤음은 조선 교회의 역사에서 가장 중요한 문건 중 하나인데, 이것이 80년 동안 국가의 기본법처럼 간주되었고 또한 그리스도교인을 탄압하는 법제를 확정한 것이기 때문이다. 1882년 이후 열강들과 조약을 맺게 되었을 때에야 비로소 그 효력이 사라졌지만, 그렇다고 공식적으로 폐기된 것은 전혀 아니었다. 이러한 금압령은 상황에 따라 그 강도를 달리하며 적용되긴 하였지만, 뒤따르는 박해 사건들 하나하나의 원인이 된 것이 사실이다.

왕의 아버지요, 섭정인 대원군

30년간 선교사가 없었던 조선 교회

주문모 신부가 사라지고 나자 조선에는 30여 년간 사제가 없었다. 교회의 영적인 도움을 전혀 받지 못하는 상황에서 이 신문교우들 대부분이 보여준 신앙심의 견지는 진정 기적과 같은 일이다. 1815년·1817년·1825년은 이곳저곳에서 여러 신앙고백자의 순교와 승리로 점철되었다. 그 기나긴 기간, 조선의 교우들은 여러 차례에 걸쳐 베이징 주교나 교황 비오 7세(Pie VII)와 레오 12세(Léon XII)에게 그들의 곤경을 호소하려 애썼다. 그러나 슬프도다! 베이징 주교는 그들에게 더 이상 아무런 도움도 줄 수 없었다. 그는 1808년에 사망하였고 그 보좌주교는 베이징 입성 허가를 받지 못한 채 1818년 마카오에서 생을 마쳤다. 유럽에서 벌어진 사건들의 여파로 설상가상 혼란에 빠져 있던 베이징 교회는 그 이후로 난징 주교에 의해 관리되었다. 비오 7세는 퐁텐블로(Fontainebleau)에 감금되어 있었을 때 조선 천주교인들의 편지를 받은 바 있었으나, 시련을 겪는 자식들을 위해서 눈물을 흘리고 기도를 올리는 일 이외에는 달리 할 수 있는 게 없었다. 레오 12세는 1827년 조선의 신문교우들이 교황청으로 보낸 두 번째 편지를 받았다. 이번에는, 우리가 이제 살펴보게 되듯이, 그들의 청원이 기쁜 결과를 가져오게 된다.

제2부

✝

가혹한 박해와
수많은 순교자

LE CATHOLICISME EN CORÉE – SON ORIGINE et SES PROGRÈS

제 1 장
조선 대목구의 설정(1831), 1839년과 1846년의 박해

파리 외방전교회가 조선 대목구를 맡게 되다

초대 조선 대목구장 브뤼기에르 몬시뇰

교황의 지시로 조선 그리스도교인들의 청원을 다루게 된 포교성성(布敎聖省)은 이 문제를 파리 외방전교회에 의뢰하였다. 오랜 협의 끝에 조선 대목구(代牧區)가 신설되었고 당시 시암(siam)에서 보좌주교로 있던 브뤼기에르(Bruguière) 몬시뇰이 그 수장(首長)에 임명되었다(1831년 9월 9일). 1년 뒤 그는 중국을 가로질러 자신의 새로운 포교지에 갈 요량으로 길을 떠났다. 본래 쓰촨(四川)에 발령받았던 젊은 선교사 모방(Maubant)이 그를 보좌하게 되었다. 포교성성 신학교 출신의 중국인 사제 유방제(劉方濟) 파치피코 역시 보좌로 임명되었다. 유방제는 주교를 앞질러 1834년에 조선에 잠입하는 데 성공하였다.

당시 서양인 둘이서 중국 내지를 함께 여행한다는 것은 불가능한 일이었기에 브뤼기에르 주교와 모방 신부는 달단[타타리아]에서 다시 만날 것을 기약하며 각자 다른 길을 택해야만 하였다. 대담하고 침착한 성격의 모방이 먼저 도착하였는데, 심지어 그는 황제의 면장(免狀)도 없이 대낮에 베이징으로 들어가는 데 성공하기도 하였으니, 서양인으로서는 수세기 동안 없었던 일이다. 브뤼기에르 주교가 달단의 시완쯔(西灣子)에 가서 동료 선교사와 재회하는 데에는 2년 이상의 세월이 걸렸다. 그곳에서 그들은 조선 입국을 준비하며 1년을 보냈다. 그 과정이 순조롭진 않았는데, 서울에서 그들을 찾으러 보낸 안내인들이 지금 조선은 서양 선교사가 지내기엔 너무 위험하다는 말로써 그들을 설득하려 애쓰며 오히려 일을 방해하려는 것 같았기 때문이다.

나중에 알게 된 사실이지만 그들의 입국을 막으려 했던 이는 바로 유방제 신부였다. 유방제는 자기 손으로 조선 교구를 이끌 욕심이었고 그러기 위해서 조선의 청년 교우들을 중국에 보내 공부를 시키고 사제 서품을 받게 할 계획을 갖고 있었다. 그로서는 멀리 떨어진 베이징 주교의 관할하에 놓이는 것이 더 원하던 바였을 것이다. 안내인들은 이런 사실들을 숨기고 있었으니, 도무지 영문을 알 수 없게 된 주교는 급기야 그들을 파문하겠다고 위협하기에 이르렀다. 그제서야 그들도 주교의 말을 따르지 않을 수 없었다. 주교는 자신이 먼저 국경을 넘을 생각으로 1835년 10월 7일 마침내 조선을 향해 길을 떠나게 되었다. 그러나 애통한지고! 주교가 조선에 입국하였다는 소식만을 기다리던 모방 신부에게 몇 주 후에 밀사가 전하러 온 것은 그의 부고였던 것이다. 10월 20일 펠리쿠(喇唎溝) 교우촌(몽골)에 도착한 브뤼기에르 주교는 갑작스러운 병으로 쓰러졌고 한 시간 뒤 어느 중국인 사제가 지켜보는 가운데 운명하였다. 그리하여, 마치 모세가 그러하였듯이, 조선의 초대 대목은 약속된 땅에 발을 들여놓지 못한 채 그 경계에서 숨을 거두고 말았다.

모방 신부의 조선 입국

모방 신부는 브뤼기에르 주교의 부고를 접한 즉시 길을 떠나서 장례식에 참석하였고 그 길로 곧바로 조선으로 향하였다. 그는 알맞은 시기에 국경에 도착하였다. 연중 강물이 꽁꽁 얼어붙는 한겨울의 혹한을 이용해서 좀 더 수월하게 압록강을 건너고자 했던 것이다. 모든 일이 그의 뜻대로 이루어졌다. 조선 상복을 입은 모방 신부는 그 변장 덕분에 수많은 난관을 극복하고 마침내 1836년 1월 서울에 도착하여 유방제 신부와 만날 수 있었다. 그는 곧 열성적으로 성무에 임하였다. 아직 조선말을 몰랐던 그는 한문을 아는 자들에겐 그들의 고백을 글로 적도록 하고 그러지 못하는 자들에겐 다른 이에게 대신 적게 하거나 통역의 도움을 받으라고 권하였다. 게다가 그는 곧 양심성찰을 한문으로 작성하여 이를 한글로 옮기게 하였고 그것을 꼼꼼히 공부하였다. 그 이후로 모방 신부는 더 이상 쉴 겨를이 없었는데, 그에게 도움을 주어야 할 유방제 신부가 오히려 일에 방해가 되었으니 더더욱 힘들었다. 유방제는 사실 서울에 도착한 이후로 조선말을 배우려 들지 않았으니 그로 인해 수많은 신도가 성사를 받을 수 없었다. 그는 또한 서울에만 틀어박힌 채 지방 교우들은 돌볼 생각이 없었으며, 자신의 성직을 남용하여 돈을 벌기까지 하였다.

모방 신부는 곧 이런 사실들을 알게 되었고 중국인 사제가 무엇 때문에 서양 선교사들이 들어오는 것을 그토록 막으려 하였는지 깨닫게 되었다. 그는 유화적인 자세로 동료를 바른길로 이끌고자 애썼으나 아무런 소용이 없었고 결국 교구 장상(長上)의 자격으로 유방제를 중국에 돌려보내기로 결정할 수밖에 없었다. 마침 오래전에 이미 조선 교구에 발령받은 바 있는 신임 선교사 샤스탕(Chastan) 신부를 조선에 입국시켜야 했다. 그리하여 1836년 말, 국경으로 선교사를 찾으러 가게 된 밀사들은 가는 길에 중국인 사제를 바래다주었다. 그들은 또한 모방 신부가 성직자로서 자질이 충분하다고 판단하여 마카오에 공부시키러 보내는 조선 청년 세 명을 함께 데려갔다. 우리는 나중에 이 조선 최초의 방인(邦人) 성직자들에 관해 다시 언급할 기회가 있을 것이다.

조선 국왕과 왕세자

샤스탕 신부의 조선 입국

샤스탕 신부는 약속대로 1836년 성탄절에 국경에 도달하였고 사흘 뒤에는 조선 쪽에서도 밀사들이 도착하였다. 밀사들은 그에게 "가난뱅이처럼 등짐을 지고 걸을 수 있겠소?" 하고 물었다. 그는 "물론이오. 더구나 그리 부자도 아니니까" 하고 대답하였다. 그들은 12월 31일 자정에 길을 떠났다. 무서운 관문(關門)을 피하고자 그들은 야음을 틈타서 얼어붙은 압록강을 건넜다. 보름 후에 두 선교사 모방과 샤스탕은 서울에서 서로 포옹하는 기쁨을 누렸다. 조선말을 익히는 데 얼마간 시간을 들인 후에, 그리고 병으로 거의 죽을 뻔한 모방 신부가 건강을 회복하게 된 이후에 그들은 교우공동체들을 일일이 방문하기 시작하였다. 선교사들은 조직을 정비하고 회장들을 임명하고 세례·혼례·장례와 주일 및 축일 집회의 규례를 그들에게 일러주었다.

제2대 조선 대목구장 앵베르 몬시뇰

두 선교사가 힘을 합쳐 간신히 이러한 일들을 해나가던 중에 전혀 예상치 못했던 시기에 뜻밖의 도움을 받게 되었다. 12월 18일 자정 무렵, 처음으로 주교가 조선 땅에 발을 디뎠으니 그는 주 예수가 조선 교회에 파견한 천사로서 카프사[튀니지] 명의주교 앵베르(Imbert) 몬시뇰이었다. 실은 브뤼기에르 주교의 죽음이 알려지자마자 고인의 뒤를 이을 적절한 후임자를 찾던 파리 외방전교회의 장상들은 12년 전부터 쓰촨의 선교사로 있던 앵베르 신부에게 눈을 돌리게 되었다. 교황청의 승인이 떨어지고, 1837년 5월 14일 앵베르 신부는 쓰촨 대목인 퐁타나(Fontana) 몬시뇰에 의해 성성(成聖)되었다. 그는 한시도 지체함이 없이 연례적인 조선 사행(使行)의 일행 가운데 교우 밀사들을 만날 수 있으리라 기대하면서 자신의 새로운 포교지를 향해 길을 떠났다.

그의 생각은 틀림이 없었으니 12월 중순경에 국경에 도착한 그는 바로 그날 저녁 밀사들을 만나게 되었다. 다른 선교사들이 그러했던 것처럼, 그는 얼굴까지 가려주는 특이한 조선식 상복 차림으로 얼어붙은 압록강을 한밤중에 건너서 1838년 1월 1일 밤 서울에 도착하였고 모방 신부와 만났다. 당시 남쪽 지방을 순회 중이던 샤스탕 신부는 5월이 되어서야 주교를 볼 수 있었다. 앵베르 주교는 석 달 동안 말을 배운 이후에 전교를 시작할 수 있게 되었다. 그해 말까지 세례를 받은 성인들이 2,000명에 달했으니 조선 교회는 새롭게 태어나고 있었다. 모방 신부가 도착하였을 당시 6,000명에 불과했던 신도의 수가 1838년 말에는 9,000명에 이르렀다.

1839년의 박해

그리하여 1839년이 되자 좋은 세월이 선교사들에게 찾아오는 듯 하였다. 그러나 어쩌랴…… 아무도 예견하지 못한 가운데 느닷없이 이제껏 보다 더욱 극심한 박해가 일어났다. 나라의 제일 섭정[9]이 물러나고 천주교를 극히 적대시하던 자가 우의정에 오르니, 그것으로 모든 희망이 사라져버리기에 충분하였다. 1월 말 세 명의 교우와 그 가족들까지 모두 붙잡혀 갔다는 소식을 접한 앵베르 주교는 서둘러 순회를 중단하고 천여 명의 교우가 성사를 받기 위해 그를 기다리고 있던 서울로 돌아왔다. 주교가 금하였는데도 교우들은 한꺼번에 너무 많이 모이는 실수를 범하였고 개중엔 제 형제를 팔아먹는 비열한 배신자들이 끼어 있었다. 어느 날 저녁, 포졸들이 집회가 열리고 있던 집을 포위하였고, 성내 다른 곳에서도 여러 명을 체포하였으며, 심지어 주교의 제의를 빼앗기까지 하였다. 그 이후 색출과 체포가 끊이지 않았고 옥에는 교우들이 넘쳐났다. 우의정의 증오심으로 가득한 주청(奏請)에 섭정[순원왕후]은 비답(批答)하여 가로되, "사도(邪徒)가 다시금 나라 안에 들끓는 것은 신유년에 철저하게 진멸하지 못한 연유다. 잡풀을 베어내는 것으로는 충분치 않으니, 그 뿌리를 뽑아버려야 한다"고 하였다.

앵베르 주교의 체포

이러한 하교가 내리자 그리스도교의 적들은 그 극성스러움을 더하게 되었다. 곧 40여 명의 교우에게 극형이 내려졌다. 사실 저들이 감히 이러한 형을 모두 집행하였던 것은 아니다. 심지어 6월에는 박해가 한순간 수그러드는 기운마저 있었다. 그러나 7월에 새로운 칙령이 공포되면서 박해에 다시 불이 붙었고 처형당하는 사람들의 숫자가 점점 더 늘어갔다. 잠시 평온한 틈을 타서 지방으로 내려가 교우들을 둘러보던 앵베르 주교는 두 선교사를 불러들였다. 7월 29일 그들은 한데 모여 회의를 가졌고 주교가 달리 결정을 내리기 전까지 몸을 피하기로 하였다. 그들은 이제 옥에서나 다시 만나게 될 것이다.

사실 얼마 전부터 어느 배신자가 주교의 은신처 주변을 염탐하던 중이었다. 8월 10일, 자신의 수호성인인 성 라우렌시오 축일에 그 거짓 형제에게 발각된 앵베르 주교는 자신의 목숨을 희생해야 할 때가 왔음을 깨달았다. 그는 마지막으로 미사를 올리고, 멀지 않은 곳에서 그를 기다리고 있을 것이 분명한 포졸들에게 자현하러 가기 위해 집을 나섰다. 그는 곧 포졸들에게 붙잡혔고 서울로 압송되어 온갖 고문을 당해야만 하였다.

모방 신부와 샤스탕 신부의 체포

당시 앵베르 주교는 두 선교사가 자현한다면 다른 신도들을 구할 수 있으리라 생각하고 그들에게 다음과 같은 서장을 적어 보냈다. "좋은 목자는 제 양들을 위해 목숨을 바치나니, 아직 그대들이 배를 타고 떠나기 전이라면 내가 보내는 손계창과 함께 오도록 하시오." 손계창은 선교사들을 체포할 임무를 지닌 포교(捕校)의 이름이었다. 샤스탕 신부가 막 떠난 뒤이기에 모방 신부만이 혼자 대목의 전언을 접하게 되었다. 그래서 그는 동료에게 되도록 빨리 돌아오라는 전갈을 보내는 동시에 포교에게 다음과 같이 통지하였다. "나(羅) 신부(모방의 중국식 이름으로 조선에서도 같았다)가 손계창에게 알리노니, 정(鄭) 신부(샤스탕의 조선식 이름)가 지금 여기에서 멀리 있는 관계로 당장은 그대가 나를 기다리는 발게머리[10]로 갈 수가 없도다. 열흘쯤 후에 둘이 함께 그리로 가겠노라. 원하건대, 그대가 개심하여 사후에 복된 곳을 찾게 되기를 바라노라."

샤스탕 신부는 서둘러 모방 신부와 합류했고, 그들은 함께 교우들과 포교성성 장관 F. 프란소니(Fransoni) 추기경, 그리고 파리 외방전교회 회원들에게 보낼 편지를 썼다. 그 편지를 모두 인용하는 것은 너무 길 것이니 개중에 그 동료들에게 보낸 편지의 내용을 여기에 소개하는 것으로 충분하리라. 이 몇 줄의 작별 인사에 드러난 고매함은 읽는 이로 하여금 감탄을 금할 수 없게 만든다.

"조선, 1839년 9월 6일"

예수·마리아·요셉

여러 몬시뇰과 신부님, 그리고 친애하는 회원 제위께

숱한 난관을 헤치고 저희를 이곳 포교지로 인도하여주신 하느님의 섭리는 저희가 누리옵던 평화로움이 잔혹한 박해로 인해 어지럽혀짐을 허락하셨나이다. 앵베르 주교께서 옥에 갇히시기 전에 기록하여놓으신 그 상세한 사정을 이 편지와 더불어 여러분께 보내드리오니, 박해의 원인과 경과와 결과를 아시게 될 것이옵니다. 금일 9월 6일, 주교께서는 저희더러 치명(致命)하러 나서라는 명을 재차 전하셨습니다. 떠나기 전에 저희는 마지막 성제를 올리는 것으로 위안을 삼습니다. 성 그레고리오와 한가지로, "내게 월계관을 얻는 길은 하나밖에 없나니, 나는 그리스도를 위해 기꺼이 죽겠노라(*Unum ad palmam iter, pro Christo mortem appeto*)" 말할 수 있으니, 이 얼마나 큰 위안이옵니까? 만일 저희가 "그 맛은 달고 그 그늘은 편안하며, 그 승리는 영광스럽다(*quæ dicitur*

suavis ad gustum, umbrosa ad requiem, honorabilis ad triumphum)"
는 저 아름다운 월계의 관을 차지하는 기쁨을 누리게 된다 하오
면, 저희를 대신하여 하느님께 천백 번 감사 기도를 올려주시옵고
다시금 홀로 남겨지게 될 저희의 가엾은 신문교우들을 구하러 오
는 것을 잊지 말아주시옵소서. 저희를 대신하러 오게 될 친애하
는 회원들께 격려의 말씀으로써, 현재의 대박해자인 우의정 이지
연이 참수용 큰 칼 세 자루를 만들게 하였다는 것을 알려드리옵
니다. 이제 떠나야 할 순간에 저희가 느끼는 기쁨을 감하는 것이
있다면, 그것은 저희가 3년여 세월 동안 돌보는 행운을 누렸고,
갈라디아인이 성 바울로를 아끼듯 저희를 아껴주었던, 저 독실한
신문교우들과 헤어진다는 사실일 것입니다. 하지만 저희는 너무
나 큰 축제에 가는 것이오라, 어찌 저희 심중에 슬픈 감정이 스며
들 여지가 있겠사옵니까? 저희는 회원 여러분의 뜨거운 사랑에
저 소중한 신문교우들을 맡기겠나이다.

이것으로 저희의 보잘것없는 작별 인사를 대신하옵고…… 총총.

– 자크 오노레 샤스탕, 피에르 필리프 모방

선교사들은 이처럼 모든 것을 정리한 이후에 10리쯤 떨어진 곳
에서 그들을 기다리고 있던 포졸들에게 자현하러 갔다.

1836년에서 1890년 사이, 조선에서 선교사들이 입고 다니던 상복

세 선교사의 순교

모방과 샤스탕 두 사제는 즉시 서울로 압송되어 앵베르 주교와 함께 갇히게 되었다. 이튿날 그들은 모두 판관들 앞으로 끌려 나갔다. 사흘 연달아 취초와 형문이 이어졌다. 그들에게서 신도들의 이름을 얻어낼 수 없자 판관들은 그들을 다른 옥으로 이송케 하였다. 다시금 사흘간 나라의 높은 대신들이 그들을 심문하였고 마침내는 사형을 선고하였다. 9월 21일이 그들의 승리의 날이었다. 성 마태오 축일이었던 이날, 그들은 양손을 등 뒤로 결박당한 채 가마에 실려 백여 명의 군졸들이 호송하는 가운데 형장으로 끌려 갔다. 큰 죄인들을 처형할 때 하는 의식이었다.

서울에서 10리쯤 떨어진 한강 변에 위치한 형장에는 말뚝이 하나 박혀 있었고, 그 끝엔 죄인들에 대한 판결문이 적힌 깃발이 휘날렸다. 도착하자마자 군졸들은 그들의 바지만을 남겨둔 채 옷을 모두 벗겼다. 그러고 나서 군졸들은 그들의 양손을 가슴 앞으로 해서 결박하고, 팔 밑에 긴 막대기를 끼우고, 화살로 양쪽 귀를 위아래로 꿰뚫고, 얼굴에 물을 끼었고 횟가루 한 줌을 뿌렸다. 이어서 군졸 여섯이 막대기를 잡고 순교자들을 끌고 다니며 광장을 세 차례 돌면서 구경꾼들로부터 조롱과 욕설을 듣게 하였다. 마침내 그들을 무릎 꿇게 하고 손에 칼을 쥔 12명의 군졸들이 마치 싸움을 하듯 그들 주위에 달려들어 한 명씩 지나면서 칼로 내리쳤다.

샤스탕 신부를 내리친 첫 번째 칼은 그의 어깨를 스쳤을 뿐이기에 그는 반사적으로 몸을 일으켰다가 곧 무릎을 꿇고 쓰러졌다. 앵베르 주교와 모방 신부는 미동도 하지 않았다. 머리가 떨어지자 군졸 하나가 그것을 판자 위에 얹어서 관원에게 가져갔고, 그는 형 집행을 보고하기 위해 이내 궁궐로 떠났다. 예수 그리스도의 용감한 사도 세 명은 이렇게 죽었다. 비오 9세는 1857년 9월 23일에 그들을 79명의 조선인과 한가지로 가경자(可敬者)로 선언하였다. 그들의 시복 소송이 현재 로마교황청에 제기되어 있는바, 가까운 장래에 그들의 이름이 복자(福者)들 가운데 새겨질 것으로 기대된다.

척사윤음(1839년 11월 24일)

1839년의 박해는 전국적인 것으로 서울과 지방 여러 곳에서 많은 사람이 순교하였다. 하지만 마침내 민심은 이렇듯 많은 사람이 처형당하는 것에 관심을 갖게 되었고 저러한 살육의 무고한 희생자들을 동정하기 시작하였다. 그러자 조선의 조정은, 모든 박해자가 그리하듯, 거짓으로써 폭력을 정당화시켰고, 곧 척사윤음을 반포하여 이를 한문과 언문으로 널리 사방에 알렸다. 그 내용은 1801년의 윤음과 유사하게 괴이하기 짝이 없는 것으로, 그리스도교를 사악하고 가증스러운 종교라 언명하고 있고, 천주교인들에게 온갖 죄를 들씌우고 난 뒤에, 왕은 '백성의 어버이' 된 자격으로서 가능한 한 모든 방법을 써서 사교를 물리쳐야만 하며 그 전파자들과 우두머리들을 진멸해야 할 의무가 있다는 말로 끝을 맺고 있다.

제3대 조선 대목구장 페레올 몬시뇰

1840년 2월까지 계속 맹위를 떨치다가 이후 서서히 수그러든 박해는 조선 전역에 걸쳐 일어난 것이었다. 사방으로 흩어진 신도들은 궁핍한 처지가 되었다. 하지만 그리스도교의 적들이 성교가 사라지기를 기대했다면 그것은 오산이었다. 전혀 그 반대였다. 복음 교리는 나라 곳곳에 전파되었다. 마을에서건 후미진 산골에서건, 위로는 정승에서 아래로는 옥지기까지, 많은 이가 천주교의 가르침을 접하게 되었다. 신이 뿌린 씨앗이 거센 바람에 실려 사방 하늘로 퍼져나갔다. 그 씨앗이 얼마나 많은 영혼에게서 구원의 열매를 맺게 될는지 과연 그 누가 말할 수 있으랴? 여하튼 선교사들이 확인한 사실인바, 그 박해 이후로 교우들에 대한 업신여김이

사라졌다. 조정의 적대적인 태도는 여전하였지만, 민심은 사랑과
인내와 선의와 용기 등 당시 우리 신앙고백자들이 그 좋은 본보기
로 보여준 모든 미덕을 옳다고 인정하게 되었다.

다른 한편으로 회자수의 칼 아래 쓰러진 사도들을 대신하기 위
하여 새로운 선교사들이 달려왔다. 가장 먼저 나선 이는 박해 소식
을 듣기 이전에 이미 조선을 향해 길을 떠났던 페레올(Ferréol) 신
부였다. 1839년 5월에 보르도에서 출발한 그는 1840년 말에 달단
의 시완쯔에 도착하였다. 그곳에서야 그는 선교사들과 조선 교우들
의 신상에 대해 불안을 느끼기 시작하였다. 왜냐하면, 매년 그래왔
던 것과는 달리, 교구의 소식을 전혀 들을 수 없었고, 어떤 교우 밀
사도 베이징에 오지 않았으며, 아무도 국경에 나타나지 않았기 때
문이었다. 2년 동안 그는 조선인들과 연락을 취하려 애썼으나 허사
였다. 조선인들 쪽에서 그들 교회의 상황을 외부에 알리기 위해 아
무런 시도도 하지 않은 것은 아니었다. 하지만 두 번에 걸친 밀사
파견이 성공을 거두지 못하였고 1842년 말이 되어서야 좀 더 운이
따른 세 번째 밀사가 페레올 주교가 보낸 사람과 접촉하는 데 성공
하였다. 페레올 신부는 앵베르 주교의 순교가 마침내 베이징과 로
마에 알려지고 나서 그 후임으로 막 임명된 터였다.

최초의 조선인 사제 김대건 안드레아

다행히도 조선 측과 다시 접촉하는 데 성공한 이는 김대건이라 불리는 자였다. 그는 다름 아닌, 예전에 모방 신부가 마카오에 유학 보냈던 세 청년 가운데 하나였다. 셋 중 한 명은 오래전에 사망하였고 공부를 마친 나머지 두 명은 신임 선교사 메스트르(Maistre) 신부와 더불어 페레올 주교와 합류하게 되었다. 페레올 주교는 조선 교회가 곤경에 처한 것을 알고 주교 성성을 받는 즉시 저 불쌍한 교우들을 위로하러 가겠다는 생각밖에 없었다. 불행하게도 온갖 종류의 어려움 때문에 그는 1843년 12월 31일이 되어서야 도유(塗油)를 받을 수 있었고 그에게 맡겨진 포교지에 발을 딛기 위해서는 1845년까지 기다려야만 하였다.

그러는 동안, 주교의 명으로 여러 차례에 걸쳐 반도에 잠입하는 방도를 모색하던 사람은 바로 김대건이라는 저 용감한 신학생이었다. 압록강을 건너 들어가는 것은 점점 더 많은 위험이 따랐으니, 조선의 조정이 국경 경비를 더욱 엄중히 하였기 때문이었다. 다른 한편으로 박해의 여파로 겁이 많아진 교우들이 그러한 시도의 어려움을 과장해서 말하기도 하였다. 용감한 청년은 자국에 잠입하기 위한 또 다른 통로를 찾고자 얼어붙은 만주 벌판을 온통 헤매

다가 일본해"에 인접한 조선 북쪽의 훈춘(琿春)이란 국경 도시에 도착하였다. 그곳에서 그는 해마다 장이 열리던 때에 조선 천주교인 여러 명을 만났고, 페레올 주교가 조선의 사행을 뒤따라 입국할 수 있게끔 이듬해(1845) 압록강 맞은편에 대기하고 있기로 그들과 약속하였다. 주교는 어김없이 약속을 지켰으나, 교우들은 그를 입국시키는 것이 당장은 불가능하다고 하였다. 그나마 그들은 김대건을 들여보내자는 것에는 동의하였다.

김대건은 만일 그가 조선에 잠입하는 데 성공한다면 바다를 통해서 중국과 연결하는 방도를 찾아야만 하였다. 그것이 바로 주교가 내린 지시였다. 위험천만의 시도 끝에 서울에 들어온 김대건은 교구의 실정을 확인하고 배 한 척을 샀다. 이어서 11명의 교우를 배에 태우고 일행에게 목적지가 어딘지 알리지 않은 채 나침반 하나에 의존하여 상하이로 향하였고 3주간의 항해 끝에 그곳에 도착하였다. 프랑스어를 알고 있던 덕분에 그는 자신의 신분을 밝힐 수 있었고, 페레올 주교가 젊은 선교사—다블뤼(Daveluy) 신부—와 함께 당장 달려왔다. 김대건이 도착하고 며칠 뒤에 상하이 인근의 어느 작은 교우촌에서 감동적인 의식이 치러졌다. 1845년 8월 17일 페레올 주교는 앞서 만주에서 부제품(副祭品)을 받은 바 있었던 용감한 김대건을 사제로 서품하였다. 9월 1일 신임 사제는 배에 다시 올라탔고 주교와 다블뤼 신부를 남몰래 배에 승선시킨 뒤 조선을 향해 돛을 올렸다. 길고 험한 여행 끝에 그들은 별다른 사고 없이 충청도와 전라도 경계에 있는 마을인 강경리 부근에 상륙할 수 있었다. 서울 남쪽의 그 지방은 오늘날 수많은 독실한 교우로 넘쳐난다.

김대건 신부의 순교

페레올 주교는 머릿속에 한 가지 생각밖에 없었으니, 서둘러 서울로 가서 상황을 살피고 만주에 또 한 명의 신학생 최양업 토마스 부제와 함께 남겨두고 온 메스트르 신부를 데려올 방도를 찾는 것이었다. 그 중차대한 임무를 맡게 된 이는 또다시 김대건이었다. 불행하게도 젊은 사제는 조선 해안에서 고기잡이를 하던 중국인들과 접촉하려던 순간 체포당하고 말았다. 그의 용기는 어느 한순간도 꺾이지 않았다. 그는 잠시 중국인으로 행세하려는 생각도 있었지만 자신의 정체가 완전히 노출되었다는 사실을 곧 깨닫게 되었다. 그러자 그는 자신이 그리스도교인이요, 사제 신분이란 것을 큰 소리로 밝히며 모든 취조에 당당히 응하였고 자신의 지나온 생

애를 모두 진술하였다. 그의 고결한 인격과 총명함에 대신들까지
도 감동을 받게 되어 그를 사면해줄 것을 왕에게 청하게 되었다.
왕이 사면을 허락하려던 차에, 1839년 조선인들이 세 명의 선교
사를 살해한 일에 대해 해명을 요구하는 프랑스 세실(Cécile) 제독
의 서한을 받게 되었다. 양인들이 그리스도교인을 돕는다는 것을
알고 격노한 왕은 그 생각이 바뀌어서 모든 사교 죄인에게 매질을
가하고, 배교하는 자들은 풀어주되 신앙을 버리지 못하는 자들은
당장 처형할 것을 명하였다. 김대건은 최후까지 전혀 굴하지 아니
하였고 9월 16일에 참수당하였다. 형장에서 채비를 하는 동안, 김
대건은 회자수에게 말하였다. "이리하면 제대로 되었소? 마음대로
칠 수가 있겠소?" "몸을 조금 돌리거라. 옳지, 되었다." "치시오. 나
는 준비가 되었소." 그리고 젊은 사제의 머리는 땅에 떨어졌다.

1857년 비오 9세는 앵베르 주교 및 그 동료 선교사들과 동시에
김대건을 가경자로 선언하였다. 조선 최초의 사제였던 순교자의 시
신은 현재 서울 근방의 용산 신학교 성당에 안치되어 있다.

제 2 장
선교사들의 활동(1847~1866)
1866년 및 그 이후의 박해

페레올 주교의 죽음(1853)

세실 제독은 조선 국왕에게 보낸 그의 서신에서 프랑스 함선이 이듬해 회답을 받으러 올 것이라고 통고했었다. 1847년 '글루아르' 호와 '빅투아르'호가 조선 해안에 나타났고 그 선상에는 메스트르 신부와 최양업 부제가 타고 있었다. 아무런 위험의 징조도 보이지 않았는데 돌연 두 척의 배가 동시에 좌초하더니 배를 다시 띄우는 것이 불가능하였다. 인근 섬에 상륙한 선원들은 구조를 요청하러 상하이에 보낸 보트가 돌아오기만을 기다렸다. 오래지 않아 영국 함선이 도착하였고 메스트르 신부와 최양업 부제는 아무런 성과도 거두지 못한 채 철수할 수밖에 없었다. 메스트르 신부는 조선 땅을 남몰래 밟아볼 수조차 없었다. 1849년, 선교사와 부제는 다시 시도를 하였다. 이번에 그들은 작은 배를 이용하여 조선에 잠입하고자 했으나 안타깝게도 도중에 되돌아와야만 하였다. 상하이에 돌아온 후, 최양업은 부활절 후 첫 주일날에 사제로 서품되었다. 5월이 되자 메스트르 신부와 신임 사제는 이번엔 압록강을 건너 입국할 생각으로 만주에 당도하였다. 하지만 조선인 안내자들이 선교사를 입국시키는 것을 거부하였기에 최양업 신부만이 홀로 그들과 동행하여 서울에 도착하였다. 십 년이 넘게 포교지의 문을 두드리던 메스트르 신부는 낙담했을 수도 있었겠지만, 전혀 그러지 않았다.

1851년 봄, 메스트르 신부는 다시 바다를 통해 입국을 시도하였으나 성공하지 못했다. 얼마 후에 재차 시도하였고 마침내 그에게도 운이 따랐다. 이번엔 장난(江南)의 예수회원 엘로(Hélot) 신부가 자신의 항해술을 발휘하여 동료를 도왔으니, 선원들이 모두 이교도인 작은 중국 배를 타고 상하이를 떠난 그는 일주일 만에 메스트르 신부를 조선 땅에 내려주는 데 성공하였다. 상륙한 지 보름 뒤에 메스트르 신부는 페레올 주교와 다블뤼 신부를 만나는 기쁨을 누렸다. 그런데 조금 앞으로 돌아가보자. 1846년 11월 2일,

주교와 다블뤼 신부는 교황청에 의해 이미 조선 교회의 주보로 정해진 성모마리아를 기리는 성모성심회(聖母聖心會)를 조직하였다. 성모와의 결연을 이처럼 새롭게 굳히고 나서 그들은 다시 교우들을 찾아다니며 연례적인 성사 집행을 재개하였다. 둘 다 건강이 썩 좋진 않았으니 그들이 어떻게 그 많은 일을 감당해낼 수 있었는지 알 수 없는 일이다. 최양업 신부가 온 것이 그들에겐 커다란 도움이 되었는데 두 사람이 동시에 크게 앓아눕게 된 때에 마침 이 신임 사제가 도착하였기에 더욱 그러하였다.

다블뤼 신부는 다시 일어설 수 있었지만 제 몸을 전혀 돌볼 줄 몰랐던 페레올 주교는 그러지 못하였으니 그의 건강은 하루가 다르게 악화할 뿐이었다. 한편 교우들의 숫자는 증가하기만 하여 1만 3,000명에 달하게 되었다. 그렇기에 메스트르 신부가 와주기를 얼마나 바랐던가? 하지만 어쩌랴! 그토록 기다리던 선교사가 도착하였을 때는 그 만남을 기뻐할 수만은 없었으니, 주교는 병에서 회복할 수 없는 상태였고 이젠 자기 방에서 나올 수조차 없던 것이다. 다블뤼 신부와 메스트르 신부가 성모께 9일 기도를 올렸으나 소용없는 일이었다. 하느님의 섭리는 달리 결정을 내렸으니, 1853년 2월 3일 주교는 숨을 거두고 말았다. 그의 나이 불과

마흔다섯이었다. 같은 해, 그토록 시련을 겪었건만, 또 한 사람의 죽음이 교구를 슬픔에 빠뜨렸다. 도착한 지 얼마 되지 않던 장수 (Jansou) 신부가 6월 18일 병으로 사망한 것이었다.

제4대 조선 대목구장 베르뇌 몬시뇰(1855)

과중한 업무에 지쳐버린 세 명의 사제를 돕기 위하여 새로운 선교사들이 와주어야만 할 시기였다. 1855년, 새로운 목자가 조선에 온다는 것이 알려졌으니, 바로 베르뇌(Berneux) 주교였다. 그는 1840년 프랑스를 떠나서 그 이듬해 가혹한 박해가 기승을 부리던

조선 어느 교우촌의 공소

통킹(Tongking)에 도달하였다. 도착한 지 불과 석 달 만에 그는 붙잡혀 후에(Hue)로 끌려갔고 다른 네 명의 선교사와 함께 사형을 선고받았다. 다행히 파뱅 레베크(Favin Lévêque) 함장의 개입으로 풀려나게 된 그는 베트남에 더 이상 머물 수 없게 되자 만주로 갈 것을 결정하였고 1844년 그곳에 도착하였다. 만주에서 11년 동안 열성적으로 일하던 그가 이제 막 랴오둥(遼東) 대목의 보좌주교로 지명된 차에, 그를 페레올 주교의 후임으로 임명하는 새로운 교서(教書)가 도착하였다. 그는 서둘러 상하이로 갔고 거기에서 두 명의 젊은 선교사—푸르티에(Pourthié) 신부와 프티니콜라(Petitnicolas) 신부—가 합류하였다. 1856년 봄, 이 세 명은 바다를 통해 조선에 입국하여 서울에 당도하였다. 베르뇌 주교는 오자마자 병고부터 치르게 되었으나 이내 건강을 회복하였고 다른 선교사들이 멀리 떨어진 교우공동체들을 찾아다니는 동안 그는 서울의 교우들을 돌보기 시작하였다. 많은 외교인이 입교를 하였으니 신임 주교에게는 그것이 큰 희망이요, 보람이었다.

보좌주교로 성성된 다블뤼 몬시뇰(1856)

조선 교회의 아주 특수한 상황을 고려하여 교황청은 사전에 승인받을 필요 없이 스스로 보좌주교를 선택하고 성성하는 권한을 베르뇌 주교에게 부여하였다. 1856년 주교는 11년 전부터 조선 교구에서 일하고 있던 다블뤼 신부를 그 자리에 불러들였다. 다블뤼 신부는 성모영보대축일(聖母領報大祝日) 밤, 서울의 어느 몇 평 안 되는 작은 방에서 선교사들과 소수의 교우가 참석한 가운데 주교 축성을 받았다. 이어지는 사흘 동안 그들은 시노드를 열고 성교를 전파하기 위한 가장 적절한 방법들을 결정하였다. 그들이 막 헤어지려 할 때 신임 선교사 페롱(Féron) 신부가 불시에 나타났다. 주교는 지금 당장엔 그를 조선에 불러들일 만한 좋은 기회가 보이질 않으니 좀 더 기다려보라는 내용의 편지를 그에게 보낸 바 있었다. 선교사는 그 편지를 받아보기 전에 이미 중국 정크선을 타고 출발했었고, 조선 해역에서 선원 모두가 그리스도교인인 배를 만나는 뜻밖의 행운을 잡았다. 이들은 신부를 자기네 배에 태워주었고, 그의 입국을 도와주었다. 하느님은 정녕 그 일꾼들과 함께 계셨던 것이다.

보람과 시련의 시기(1857~1863)

인원이 증가하자 선교사들은 더욱 기운을 내어 함께 일을 해나갔다. 베르뇌 주교는 기력이 날로 쇠약해짐에도 불구하고 서울 사목구를 본인이 담당하였고 거기에 해마다 인근 60여 교우공동체를 순회하는 일까지 더하였다. 매우 활동적인 주교는 선교사 서너 명의 몫을 혼자 해냈으니, 그는 가장 넓은 지역을 맡고 있었고, 사제들이나 교우들과 폭넓은 서신 교환을 하였고, 모두의 의논 상대였고, 교구의 대표였으며, 또한 상당한 시간을 기도에 바쳤다. 하지만 그런 상황에서도 어느 선교사가 그를 찾아오면, 주교는 다른 할 일이 전혀 없다는 듯이 상대의 말을 들어주고 그를 돌봐주었으며 지혜롭고 자상한 말로써 그의 기운을 북돋워주곤 하였다. 보좌주교인 다블뤼 몬시뇰은 신문교우들의 교육에 쓰일 여러 가지 중요한 자료를 출판하는 일에 마지막 정성을 들이고 있었다. 그는 책들에 둘러싸인 채 번역생들과 필생들의 도움으로 얻은 귀한 원고를 살피거나 또는 구전되는 이야기를 참고하면서 순교자들과 상당수의 신앙고백자들에 관한 아주 귀중한 자료들을 수집할 수 있었다.

신학교가 하나 설립되었고 푸르티에 신부가 그 교장을 맡게 되었다. 그는 신학생들을 돌보는 틈틈이 다블뤼 몬시뇰이 벌여놓은 사전 편찬 작업을 계속해나갔다. 그러는 동안, 잠시 사목 활동을 하다가 역시 신학교에 들어온 동료 프티니콜라 신부는 인근 교우공동체를 돌보았다. 페롱 신부는 다른 곳에서 사도직에 첫발을 내딛고 있었다. 하지만 메스트르 신부는 이제 더 이상 그들과 함께 일할 수 없었다. 1856년 베르뇌 주교는 얼마 전부터 심한 피로를 호소하던 메스트르 신부에게 덜 힘겨운 사목구를 맡게 하였다. 1857년 말, 주교는 그가 전교하던 장소에서 80리쯤 떨어진 곳에서 그의 소중한 동료가 죽어가고 있다는 소식을 들었다. 황급히 달려간 주교가 할 수 있는 일은 그의 장례를 치러주는 것뿐이었다. 메스트르 신부는 12월 20일에 운명하였다. 조선에 잠입하기 위해서 끊임없이, 그러나 헛되이 뛰어다닌 10년 동안, 그리고 그 이후에 사도로 일한 동안 그가 어떤 고생을 겪었는지는 오로지 하느님만이 아신다. "모든 것을 의무로써 행하며, 그 무엇도 즐기고자 행하지 않되, 모든 것을 즐거이 행한다"는 그의 표어는 그가 살아온 생애를 잘 요약해준다.

1857년에서 1859년까지 3년간은 활동과 큰 보람의 시기였다. 그러던 중 1860년에 갑자기 박해가 일어났다. 다행히도 그것은 왕의 명령에 의한 것이 아니었고, 오히려 박해의 당사자인 포도대장은 판서(判書)들의 지지를 얻어내지 못하는 치욕을 당하고 난처한 처지가 되어버렸다. 외교인들도 시인하는바, 그 박해는 천주교의 승리였다. 민심과 조정은 박해를 비난하였고 포도대장은 관직에서 물러났으며 그 후임자는 고문이나 병으로 죽지 않은 교우들을 풀어주게 하였다. 그런데도 그 박해로 인한 피해는 엄청난 것이었다. 많은 교우가 완전히 몰락하였고 공포감에 휩싸인 다른 이들은 사방으로 흩어져 멀리 도망쳤다. 하마터면 그런 공포감이 큰 재난으로 이어질 뻔하였다. 당시 지방에 있던 베르뇌 주교는 급히 서울로 되돌아와 그의 침착함으로써 필사적으로 도망가려던 신도들을 제지할 수 있었고 그들을 진정시킬 수 있었다.

박해가 끝나고 선교사들은 용기를 내어 다시 일을 시작하였다. 불안과 슬픔 속에서 그들이 한때 흩어졌던 신도들을 다시 한데 모으려 애쓰는 동안, 베이징에서는 희한한 사건들이 벌어지고 있었다. 10월 13일 영·불 연합군이 베이징에 입성하였다. 이 소식은 연말쯤에 조선에 알려졌다. "서양 도깨비들이 배를 타고 천자의 나라에 쳐들어온다"는 것이었다. 조선 조정은 큰 불안에 휩싸였고 1861년 2월 정기 사행이 중국에서 돌아와 황궁이 불에 탔고, 황제가 피신하였으며, 연합국과 강제 조약을 맺었다는 것을 알렸을 때 그 불안은 더욱더 커졌다. 이 소식에 모든 일이 중단되었고 큰 부자거나 혹은 살림이 넉넉한 집안은 서울에도 곧 외국 군대가 쳐들어오리라는 생각에 산속으로 피신하였다. 벼슬아치 중에는 머리를 숙이고 교우들에게 보호를 청하는 자들도 있었고 자신의 무고함을 외치는 자들도 있었다. 영·불 함대가 물러갔다는 소식에 마침내 서서히 평온이 되돌아오기 전까지 온 백성이 혼이 나간 듯하였다.

1861년 이러한 시기에 네 명의 새로운 선교사—랑드르(Landre), 조안노(Joanno), 리델(Ridel), 칼레(Calais)—가 조선에 들어왔다. 이들의 도착이 가져다준 즐거움은 교구의 유일한 방인 사제인 최양업 신부의 죽음으로 인해 곧 슬픔으로 바뀌었다. 최양업 신부는 교우들을 돌보는 일상적인 활동 이외에도 교리서의 번역 작업을 맡고 있었다. 그는 번역을 최종적으로 완결하여 모든 원고를 인쇄소가 차려진 서울로 보냈다. 1861년 6월, 그는 갑작스레 병들어 누웠고, 푸르티에 신부로부터 성사를 받은 후 조용히 숨을 거두었다. 이 열성적이고 독실한 사제의 죽음은 교구로서 크나큰 손실이었다. 12년 동안 그는 서양인이 접근하기 어려운 곳들을 누비며 수많은 교우공동체를 찾아다녔다. 이 사제의 사목구를 이어받게 된 이는 다블뤼 몬시뇰이었다. 1861년 말에는 지역적인 박해와 억압이 있었고, 그것은 민란이 발생하여 관청의 주의가 딴 데로 끌리게 된 1862년 6월이나 되어서야 수그러들었다. 1863년엔 오메트르(Aumaître) 신부가 도착하였다. 하지만 바로 그해에 조선에 온 지 불

서울 명동 대성당

과 2년이 안 된 랑드르 신부와 조안노 신부가 불시에 세상을 떠났다. 수확이 더욱 풍성해지는 시기에 일꾼들의 숫자는 줄어들고 있었다. 실제로 예비자들의 수효는 나날이 늘어만 갔다. 1860년의 박해와 그 후 수년간의 온갖 탄압이 신도들을 분산시킨 것은 사실이다. 하지만 그로 인해서, 그때까지 교우가 전혀 없던 조선의 북쪽 지방에 신도들 중 일부가 피신하게 되었고, 그로써 그 지역에 마침내 복음 전도의 길이 열리게 되었다. 지속적인 병고에도 불구하고 여전히 활동 중이던 베르뇌 주교는 그 가엾은 피난민들과 그들이 새로이 입교시킨 이들을 자신이 직접 찾아가 보고자 하였다.

그가 북쪽 지방을 돌아보던 중에 한번은 외교인들에게 그 신분이 발각된 적이 있었다. 주교는 그들 손에 붙잡혀 욕을 치르고, 어느 주막집에 갇혔다가 40여 프랑을 내고 풀려났다. 몇 년 전이었다면 그는 관가에 끌려가 처형당했을 것이다.

조선 국왕의 죽음과 궁정 혁명

1864년 초, 성교에 불행하기 그지없는 결과를 가져오게 되고, 또한 수년간 조선을 피로 물들이게 될 저 끔찍한 1866년의 박해로 이어지게 되는 하나의 사건이 발생하였다. 1월 15일 철종 임금이 사망하였고 그의 죽음은 궁정 혁명의 발단이 되었다. 선왕들 가운데 한 명의 아내였고 그 가문이 모두 그러하듯 천주교를 적대시하던 조대비는 불시에 국새(國璽)를 가로채어 겨우 열두 살에 불과한 흥선군의 아들을 왕으로 옹립하였다. 이 왕이 바로 1907년까지 조선을 다스렸던 임금으로, 그는 일본인들의 압력에 못 이겨 그의 아들에게 자리를 물려주고 퇴위해야 했으며, 1910년 조선이 일본에 병합됨으로써 그 아들의 치세도 갑자기 끝나게 된다. 대비는 그 대담한 일을 성사시킨 후에 나라의 통치를 어린 임금의 아버지인 흥선군에게 일임하였다. 섭정 혹은 대원군이란 이름으로 역사에 더 잘 알려진 이 인물은 1864년부터 1882년까지 조선에서 중요한 역할을 행하였다. 그는 영리하고 교활한 자로서 무엇보다 그 잔인함으로 이름을 떨치게 될 것이다.

흥미로운 사실은 섭정의 아내요, 임금의 어머니인 부대부인(府大夫人) 민 씨가 천주교를 잘 알고 있었다는 것이다. 그녀는 교리서를 일부 배웠고 매일 수차례 기도를 올렸으며 천주교도로서 궁궐에 따라와 살고 있던 임금의 유모를 시켜서 베르뇌 주교에게 미사를 부탁하기도 하였다. 만일 이 유모가 좀 더 배움이 있는 사람이었다면 천주교를 위해 큰 봉사를 했을 수도 있었으리라. 하지만 결과적으로 그녀는 별다른 영향을 미치지 못하였다.

이러한 궁정 혁명으로 천주교에 적대적이지 않았던 전왕의 대신들이 권좌에서 쫓겨났고 천주교인들에게 가장 극단적인 조치를 취할 만한 사람들이 그 자리에 대신 들어섰다. 그리하여 조선 교회를 괴롭히게 될 끔찍한 일들이 준비되고 있었으니, 우리는 앞으로 외교상의 어떤 사건 하나가 돌연 그러한 일들의 실현을 앞당겼다는 것을 보게 될 것이다.

신임 선교사 4인의 도착

그러므로 앞서 언급한 궁정 혁명은 선교사들에게 당연히 큰 근심거리가 아닐 수 없었다. 그런데도 그들은 위험 앞에서 더욱 커지는 듯한 열정으로써 일을 계속해나갔다. 다블뤼 몬시뇰은 남쪽 지방의 일에서 큰 보람을 얻고 있었다. 서울과 북쪽 지방에선 베르뇌 주교가 훌륭한 성과를 거두고 있었다. 신학교에서는 푸르티에 신부와 프티니콜라 신부가 방인 성직자 양성이라는 중대한 일을 계속해나갔다. 다른 선교사들도 그들의 상관을 본받듯 도처에서 열심히 일하고 있었고 점점 더 널리 퍼져가는 교우공동체들을 돌보기 위하여 동분서주하였다.

1865년 6월 초, 네 명의 신임 선교사가 도착하자 그들은 크게 기뻐하였다. 신임 선교사들은 바다를 통하여 들어왔는데 서울에서 남쪽으로 300여 리 떨어진 곳에 상륙하였다. 거기에서 멀지 않은 곳에 있던 다블뤼 몬시뇰이 그들을 맞이하기 위해 달려갔다. 그는 위앵(Huin) 신부를 자기 곁에 붙잡아두었다가 오메트르 신부와 함께 일하도록 하였고 브르트니에르(Bretenières), 볼리외(Beaulieu), 도리(Dorie) 신부 등은 차례로 서울로 올려 보냈다. 베르뇌 주교는 다음과 같은 편지를 파리에 보냈다.

"올해 저희를 도와 일하게끔 네 명의 선교사를 보내주신 데 대해 무어라 감사드려야 할지 모르겠나이다. 그들이 저희에게 큰 도움이 되리라 기대하옵니다. 그들은 자신들에게 주어진 소임에 크게 만족하고 있으며 온 힘을 다해 조선말을 익혀 내년 봄이면 일을 시작하게 될 것이옵니다. 하지만 바라옵건대, 여기서 그치지 마시옵고 가능한 한 많은 인원을 저희에게 보내주시옵소서. 저희의 일하는 형편이 좀 나아지자면 차후 2년간 열 명의 새로운 동료가 필요로 하옵고, 그리하여도 저희는 무척 바쁠 것 같사옵니다."

주교가 유럽으로 보낸 마지막 글이 되는 이 편지에는 성사 집행에 관한 보고가 들어 있다. 가장 눈에 띄는 숫자들을 보면 다음과 같다. 사규고해(四規告解) 1만 4,433건, 재고해(再告解) 3,493건, 성인 세례 907건, 외교 아동 약식세례 1,116건 등이었으며, 당시 천주교인의 숫자는 2만 3,000명이었다.

러시아와 조선

베르뇌 주교는 위에 말한 편지의 추신에 다음과 같은 의견을 적고 있다.

"최근 러시아가 조선 영토 내에 자리 잡게 해달라는 요구를 해 온 것과 관련하여, 저는 어느 관리의 중재를 통해서 섭정 대원군과 잠시 접촉한 적이 있사옵니다. 대원군은 저희의 말을 호의적으로 받아들였나이다. 그의 부인인 왕모(王母)가 저에게 은밀히 요청한 것이 있으니, 종교의 자유를 요구하러 와달라는 통지를 베이징의 프랑스 공사에게 보내라는 것이었습니다. 프랑스 함대가 와주기를 바라는 자들이 서울에 있습니다만, 섭정과 상의하기 이전에는 어떤 일도 벌여선 안 된다는 것이 제 생각이옵니다. 비록 여전히 배척당하는 입장이긴 하나 지금 저희의 상황이 썩 나쁜 편은 아니며 내년이면 형편이 더 나아질 것으로 사료되옵니다."

한옥식의 되재성당

이 편지는 1865년 11월 19일 날짜로 되어 있다. 저러한 희망은 곧 무참히 깨지게 되고, 자애로운 주교는 넉 달 뒤에 그 자신과 보좌 주교, 그리고 그가 큰 기쁨으로 거느렸던 열 명의 선교사들 가운데 일곱이 차례로 회자수의 칼에 쓰러지리라고는 꿈에도 생각지 못하였다. 그는 이제 막 도착한 저 네 명의 젊은 사제들이, "말이 아닌 피로써 그들은 신앙을 고백하나니(*Non loquendo, sed moriendo confessi sunt*)", 순교를 통해서만 예수 그리스도를 고백하게 되리라고는 전혀 생각지 못하였다. 베르뇌 주교의 동료들은 주교만큼 낙관적이진 않았다. 같은 시기에 다블뤼 몬시뇰은 이렇게 기록하고 있다.

"어린 임금의 아버지는 우리나 교우들을 개의치 않았으나 언제까지 이러하겠는가? 그자는 성품이 거칠고 포악하며 백성을 업신 여기고 인명을 경시하니, 만일 그가 언제고 성교를 해하려 든다면 그 혹독함이 그지없으리라."

다블뤼 몬시뇰의 저러한 생각은 참으로 정확한 것이었다. 과연 갑자기 여러 사건이 연이어 터지고 베르뇌 주교의 헛된 희망은 물거품처럼 사라지게 되었다. 이미 여러 해 전부터 위협적으로 달단에 진출하여 조선 접경에 바짝 다가왔던 러시아는 당시 조선 함경도의 북쪽 경계를 이루는 두만강에까지 접근하였다. 1866년 1월, 러시아 배 한 척이 일본해[12]에 면한 무역항 원산에 출현하여 통상의 자유와 러시아 상인들이 조선에 정착할 수 있는 권리를 요구하였다. 그러한 요구에 조선 조정은 당황하였다. 서울의 교우 몇 사람은, 러시아의 요구로부터 마침내 조선의 종교 자유를 이끌어낼 수 있다고 확신하고, 섭정에게 글을 올렸다. 강한 이웃 나라를 쫓아버리는 유일한 방도는 프랑스, 영국과 동맹을 맺는 것이고 가톨릭 주교야말로 그러한 동맹을 중개할 수 있는 가장 적절한 인물이라는 것을 설득하려는 글이었다.

편지를 받은 섭정은 아무런 내색도 하지 않았다. 그러자 섭정의 아내인 부대부인 민 씨는 그녀의 남편에게 재차 편지를 써보라고 교우들에게 권하였다. 양반 신분의 교우인 승지 남종삼 요한이 글을 써서 대원군에게 전하는 일을 떠맡았다. 대원군은 무척 관심 있게 편지를 읽었다. 이튿날 그는 남종삼을 다시 불러들여 오랫동안 그리스도교에 관해 이야기를 나누었다. 대원군은 그 교리가 다 그럴듯하고 괜찮은 것 같긴 한데, 조상 제사를 금하는 이유는 이해할 수 없다고 하였다. 대원군은 베르뇌 주교에 관해 물었고 그를 만나보고 싶다는 의향을 밝혔다. 소식을 들은 주교는 (그는 당시 북쪽 지방의 교우공동체들을 돌던 중이었는데) 1월 25일 서울로 급히 돌아왔다. 하지만 섭정은 그가 돌아왔다는 말을 듣고도 당장에 주교를 불러들이지 않았다. 아마도 시간을 벌고자 했을 것이다. 게다가 정세가 나날이 그에게 유리하게 되어가는 듯하였다. 러시아인들이 이제 막 물러갔다는 소문에 두려움은 사라지게 되었고, 이어서 조선 사행이 베이징으로부터 흥미로운 소식을 가져왔다. 중국 전역에서 양인들을 학살하고 있다는 얘기였다. 그러한 소식에 그리스도교를 반대하는 벼슬아치들은 한층 더 대담해졌다. 그들의 주장이 곧 우세를 점하게 되자 선교사들을 모두 죽이고 교우들을 색출하라는 결정이 내려졌다.

박해가 일어나다

비록 공식적인 것은 아니었지만, 이미 1월부터 남쪽과 북쪽 지방 곳곳에서 많은 교우가 붙잡혀 매를 맞고 개중에는 참수당하는 자들까지 생기는 박해가 일어났다. 특히 평양에선 2월 음력설 명절에 여러 명의 신도가 감영으로 끌려갔다. 그들은 매질에 못 이겨 유정률 베드로 한 사람을 제외하고 모두가 배교를 하였다. 감

1901년 학살이 일어난 제주도 관덕정 앞 공터
사진 중앙에 보이는 다 무너져가는 건물이 바로 관덕정이다.

사는 배교자들에게 그들 손으로 동료의 목숨을 끊어주고 그 시체를 강물에 던져버리라고 명하였다. 1866년 2월 17일의 일이었다. 배교자들 가운데 한 명은 제집에 돌아오자마자 심히 양심의 가책을 느꼈고 자신의 잘못을 용서받고자 하는 한 가지 생각밖에는 없었다. 서둘러 그는 서울로 떠났다. 우리는 그가 순교로써 속죄하는 것을 곧 보게 될 것이다. 서울에선 2월 14일 포졸들이 두 차례나 베르뇌 주교의 집에 찾아왔다. 원납전을 징수한다는 것이 그 구실이었는데, 당시 대원군은 1,777칸 대궐을 중건하기 위해 백성으로부터 강제로 돈을 거둬들이고 있었다. 이 두 차례 방문에 교우들은 불안을 느끼게 되었다.

베르뇌 주교의 체포

2월 중순경 교회의 판각 일을 하던 최형 베드로와 전장운 요한이 서울에서 체포당하였다. 이들이 붙잡힌 때는 조선의 관청 기록에서 확인할 수 있듯이 2월 19일 이전이었을 것이다. 우리는 여기에서 구전으로 전해지는 자세한 사정도 함께 살피며 그 기록을 따라가보도록 하겠다.* 저 두 교우는 사실 2월 19일에 이미 취초를 당하고 사형을 선고받았었다. 하지만 그때 형조의 청을 받아들여 그들의 사건을 재조사하라는 명이 내려왔다. 2월 25일, 의금부의 청을 받아들여, 당시 서울을 떠나 있던 승지 남종삼을 체포하라는 명이 떨어졌다. 같은 날, 좌·우변 포도청에서 아래와 같은 보고를 올렸다.

"2월 23일 저녁 6시경에 수상쩍은 자를 붙잡았는데, 키는 칠팔 척(尺)이 되었고 나이는 쉰 살이 넘어 보였으며 눈은 푹 들어가고 코는 튀어나온데다가 우리말을 잘도 알아들었나이다. 이자는 안에 양가죽을 덧댄 모포 두루마기를 걸쳤고, 무명 저고리와 바

---

* 여기서의 관청 기록이란 『비변사등록』과 『일성록』을 말한다. 뮈텔 몬시뇰은 1921년과 1922년 일본 정부의 협조 아래 조사 작업을 벌인 끝에 조선 고문서들 속에서 이 기록들을 발견하였다.

지를 입었으며 우단으로 된 쌍코신*을 신었나이다. 어느 모로 보나 양인이 분명하였나이다. 그리하여 그자를 엄하게 취초하여 공초(供招)를 받으니 그가 말하길, 자신은 불란서국 사람으로서 1856년에 조선에 입국하였고 성교를 전파하기 위하여 서울과 지방 이곳 저곳을 돌아다녔다고 하였나이다."**

전해지는 이야기에 따르면, 베르뇌 주교가 붙잡힌 것은 주교의 하인인 이선이의 밀고 때문이었다. 2월 23일 금요일, 날이 저물 무렵 태평동에 위치한 주교의 집에 한 떼의 포졸들이 들이닥쳐서 곧장 주교의 방으로 향하였다. 주교는 어떤 저항도 하지 않고 순순히 포도청으로 끌려갔다. 그곳에서 그는 가주 홍봉주 토마스와 불충한 하인 이선이, 그리고 교회의 판각 일을 하는 두 사람과 함께 며칠간 갇혀 있게 되었다. 남승지를 붙잡을 때까지 기다렸다가 모두 함께 취초하라는 지시가 내려왔던 것이다. 그런데도 그들은 포도청에서 여러 차례 심문을 당하였다. 심지어 섭정이 그의 아들 이재면, 조카 이재원과 함께 그곳을 찾았고 옆방에 숨어서 베르뇌 주교의 심문을 엿들었다는 말도 있다. 주교는 진술을 통해 그가 왜

---

* 당시 조선에는 알려지지 않았던 중국의 신발이다.
** 이 보고에 나오는 사람은 바로 베르뇌 주교다.

조선에 왔는지를 설명하였다. 영혼을 구하기 위함이라. 또한 그가 조선에서 10년을 보낸 것도 그 때문이요, 강제에 의하지 않고는 조선을 떠날 수 없음도 같은 이유 때문이었다. 한편 섭정의 처인 부대부인 민 씨는 주교가 붙잡혀 옥에 갇혔다는 것을 알고 무척 고통스러워하였으며, 큰아들이 보는 앞에서 섭정에게 격렬히 항의하였다는 말도 있다. 하지만 아무도 그녀의 눈물과 하소연에 아랑곳하지 않았고, 우리가 이제 보게 되듯이, 공식적인 취초가 곧 시작되었다.

브르트니에르, 볼리외, 도리 신부와 승지 남종삼의 체포

머지않아 세 명의 젊은 선교사가 주교가 갇힌 옥으로 붙잡혀 왔다. 우선 2월 26일, 서울 남대문 밖 신동에 위치한 집에서 브르트니에르 신부가 정의배 마르코 회장과 함께 붙잡혔다. 이어서 2월 28일엔 그 전날 서울로부터 40리 떨어진 곳에서 체포되었던 볼리외 신부와 도리 신부가 서울로 끌려왔다. 이 세 명의 용감한 사제는 조선말을 썩 잘하진 못하였다. 그리하여 단지 몇 마디 단어로 그들이 말할 수 있었던 것은 오로지 하느님을 위해 죽는 것이 기쁘다는 것뿐이었다. 그들은 주교와 재회하게 됨으로써, 자신의 생애에 벌써 두 번째로 판관들 앞에 끌려 나가 그리스도를 고백한 저러한 주교를 본받아, 그들의 지고한 희생을 더욱 잘 준비할 수 있었을 것이다. 2월 말경(27일 혹은 28일), 남종삼 역시 서울에서 멀지 않은 고양군에서 붙잡혔다. 아마도 그의 높은 관직을 고려했음인지 남종삼은 곧장 의금부로 압송되었다.

추국청을 열고 국문을 행하다

승지 남종삼을 붙잡았으니 이제 사건에 대한 최종적인 심문을 벌일 수 있었다. 그러기 위해서 3월 2일 의금부에 즉시 추국청(推鞠

용산 신학교 성당
순교자들이 처형당한 형장을 바라다보는 곳에 세워진 이 성당에 가경자 김대건의 유해가 모셔져 있다.

廳)을 설치하라는 어명이 내렸다. 같은 날, 포도청에 갇혀 있던 베르뇌 주교 및 세 명의 선교사와 더불어, 홍봉주·이선이·정의배·최형·전장운 등을 모두 의금부로 압송하라는 명이 떨어졌다. 먼저 남종삼과 홍봉주에 대한 국문이 시작되었고 그것은 이내 중단되었다가 그 이튿날 재개되었다. 3월 3일, 두 사람이 다시 취초를 받고 가혹한 형문을 당하는 동안, 이선이·최형·정의배·전장운 등도 역시 국문을 받게 되었다. 3월 4일, 다른 죄인들이 형문에 처해져 곤장을 맞는 동안 주교와 세 명의 선교사가 처음으로 불려 나왔다. 이날 추국청의 청을 받아들여, 포도청에서 심문받던 중에 "많은 이를 고발하였고 또한 배교할 것을 맹세한" 이선이에 대해서는 보방(保放)하라는 어명이 내렸다. 같은 날, 압수된 그리스도교 서적과 목판을 추국청 뜰에서 모두 불태우라는 명이 내렸고 또한 각 도에 관문(關文)을 보내서 '사교(邪敎)' 서적들을 샅샅이 찾아내 불태워버리도록 하였다.

3월 5일, 베르뇌 주교와 전장운이 먼저 취초와 형문을 받았고 이어서 다른 이들도 그 뒤를 따랐다. 3월 6일에도 죄인 모두에 대한 취초와 형문이 이어졌다. 이날 늦게 승지 남종삼과 홍봉주를 사형에 처한다는 결안(結案)이 내렸고, 그들은 이를 지만(遲晚)하였다. 그들은 형이 집행될 때까지 의금부 전옥에 갇히게 되었다. 최형과 전장운은 형조로 이송하여 그들 사건에 대해서 다시 심문하게 하였다. 정의배의 경우, 추국청은 그의 공초에 불분명한 점이 많다고 판단하여, 그를 포도청으로 돌려보내 다시금 심문하도록 하였다. 베르뇌 주교와 세 명의 선교사에겐 특별한 형벌이 기다리고 있었다. 사형을 선고받은 그들은 군문(軍門)에 넘겨져 한강 부근에서 '효수경중(梟首警衆)'의 형을 당하게 되었다. 3월 7일, '오가작통법(五家作統法)'을 다시 시행하라는 명이 전국에 내렸다. 이 법은 조선인들이 서로를 감시하고 고발할 수 있도록 오래전에 만들어진 것으로, 다섯 민호(民戶)를 한 통(統)으로 묶어 그 성원 간에 연대책임을 묻게 하였기에, 범법자나 나라의 질서를 어지럽히는 자는 어디든 숨을 곳을 찾기가 쉽지 않았다.

베르뇌 주교와 그 동료들의 순교

3월 8일 주교와 선교사들은 옥에서 끌려 나와 형장으로 향하였다. 그들이 순교하게 될 장소는 앵베르 주교와 그 동료들이 처형당한 장소와 같은 곳이었다. 그들은 그곳 한강 변에서 회자수의 칼아래 차례로 쓰러졌다. 베르뇌 주교는 쉰두 살이었고, 그 뒤를 따른 브르트니에르 신부는 스물여덟 살, 볼리외 신부는 스물여섯 살, 도리 신부는 스물일곱 살이었다. 같은 날, 서울에서 멀지 않은 곳에서 승지 남종삼이 다른 한 명의 교우[홍봉주]와 함께 처형당하였다. 3월 10일에도 처형이 있었으니, 새로운 취초와 형문을 꿋꿋하게 견뎌내고 그 전날 사형을 선고받았던 최형과 전장운이 이날 참수되었다.

푸르티에 신부와 프티니콜라 신부의 체포와 순교

주교와 그 일행이 순교를 완수하던 바로 그날, 교구 부주교 푸르티에 신부와 동료 프티니콜라 신부가 서울로 끌려왔다. 그들은 신학교가 있던 충청도 배론 마을에서 붙잡혔다. 그들은 압송 도중에도 신앙을 전파하였는데, 그 모습이 너무도 성스러운 기쁨에 가득 차 보였기에 외교인들은 감탄하지 않을 수 없었다. 판관들 앞에서 취초와 형문을 당한 그들은 3월 11일 강변으로 끌려갔고, 브르트니에르 신부의 가주인 회장 정의배, 그리고 평양에서 배교를 하였다가 이내 잘못을 뉘우쳤던 우세영 알렉시오와 함께 참수되었다. 우세영이 서울에 도착하였을 때는 베르뇌 주교가 이미 체포당한 뒤였다. 그가 주교 댁 앞을 떠나지 않자 집을 지키던 포졸들은 그에게 누구이며 무슨 일로 왔느냐고 물었다. 그는 대뜸, 스승을 뵈러 왔노라 말하였다.[13] 그는 붙잡혀 곧바로 포도청으로 끌려갔고 선교사들을 뒤따라 순교하였다.

다블뤼 주교 및 오메트르 신부와 위앵 신부의 체포

3월 11일, 푸르티에 신부와 프티니콜라 신부가 형장으로 끌려간 이날, 다블뤼 주교[14]가 서울에서 330리 떨어진 곳에 있는 내포에서 체포되었다. 주교는 근처에 있던 오메트르 신부와 위앵 신부가 포졸들을 피할 수 없으리라고 보고, 또한 그들이 머물던 교우촌이 쑥대밭이 되는 것을 막아보고자 두 선교사에게 자현할 것을 권하였다. 선교사들은 지체 없이 주교의 명을 따랐다. 며칠 뒤에 그들은 서울로 압송되었다. 주교와 떨어지려 하지 않았던 복사(服事) 황석두 루가도 함께 끌려갔다.

다블뤼 주교와 그 동료들의 순교

서울에서 그들은 포도청에 투옥되었다. 조선말을 썩 잘하였던 주교는 여러 차례에 걸쳐 설득력 있는 말로써 천주교를 옹호하였다. 그러한 것 때문에, 또한 그가 교우들의 우두머리라는 것 때문에, 그는 다른 이들보다 더 가혹한 대우를 받았다. 그들은 곧 사형을 선고받았다. 하지만 국왕이 병을 앓고 있었고 또한 그의 혼례가 얼마 남지 않았기에, 조정에서는 무당을 불러 점을 치게 하였고, 그 결과로 서울이 아닌 지방에서 처형하기로 결정이 내려졌다. 그리하여 그들은 서울에서 400리 떨어진 [충청도] 수영(水營)[15]으로 압송되었다. 우리가 앞서 언급한 황석두와 배론 신학교의 가주 장주기 요셉도 그들과 함께 끌려갔다. 고문을 겪으며 몸이 많이 상하였기에 그 다섯 사람은 모두 말에 태워졌다. 그들은 걸어서 도저히 그 먼 길을 갈 수 없었을 것이다. 영복을 얻은 동료들과 이제 곧 다시 만나게 된다는 생각으로 기쁨에 가득 차서 주교와 선교사들은 시편과 성가를 부르며 출발하였으니, 외교인들은 크게 어리둥절하여 제 눈을 의심하였다.

성목요일, 그들이 형장 부근에 이르렀을 때 주교는 포졸들이 저희끼리 의논하는 것을 듣게 되었다. 포졸들은 인근 마을에 들러 사람들에게 선교사들을 구경시키고자 하였다. 그 말을 들은 다블뤼 주교는 포졸들에게 "그건 안 되오. 내일 그대들은 곧바로 형장으로 가야만 하오. 우리는 내일 죽어야만 하기 때문이오"라고 말하였다. 포졸들은 그 말을 따랐고 이튿날인 3월 30일 성금요일에 그들은 모두 참수되었다. 예수님을 더욱 닮기 위함이었는지 다블뤼 주교는 겉옷을 완전히 벗기었다. 그가 막 치명적인 일격을 받은 터에, 회자수는 주교의 숨을 끊기에 앞서 칼을 멈추고 자신의 품삯을 흥정하였다. 수사(水使)와 회자수 간에 흥정이 마침내 끝나자, 주교는 다시 두 차례의 칼을 받게 되었고 자신의 순교를 완성하였다. 오메트르 신부가 그다음 차례였고 이어서 위앵 신부와 동료 교우 두 명이 그 뒤를 따랐다. 다블뤼 주교는 21년간 조선에 있었고, 오메트르 신부는 2년 반, 위앵 신부는 8개월이었다. 신앙고백자들의 시신은 3일 동안 형장에 그대로 방치되었는데, 개나 까마귀조차 저들의 거룩한 시신을 감히 건드리지 못하였다. 교우들은 크게 훼손되지 않은 시신을 거두어서 적당한 장소에 안장할 수 있었다.

1866년의 무수한 순교자들

1866년의 박해로 수많은 교우가 체포당하고 고문당하고 처형당하였다. 이 순교자들에 관해 자세히 이야기하자면 그 끝이 없을 것이다. 현재 몇몇 교우에 대한 시복 소송이 심리 중에 있으니, 그나마 그들을 열거하는 것으로 족하지 않을까 싶다. 4월 5일 공주에

서울 근교 용산 신학교

서는 교우 손자선 토마스가 승리를 거두었으니 그는 옥에서 교살당하였다. 12월 13일 더 남쪽의 전주에서는 여섯 명의 교우가 참수당하였다. 그들의 이름을 말하자면 조화서 베드로, 이명서 베드로, 정문호 바르톨로메오, 손선지 베드로, 한재권 요셉, 정원지 베드로다. 1867년 1월 5일, 이번에는 조화서의 아들 조윤호 요셉이 순교하였다. 조윤호는 아버지와 함께 붙잡혔는데, 조선의 법이 부자를 동시에 처형하는 것을 금하였기에 그 처형이 며칠 뒤로 미뤄졌던 것이다. 같은 달 21일 대구에서는 교우 이윤일 요한이 참수당하였다.

세 명의 선교사가 피신하는 데 성공하다

두 명의 주교를 제외하고 조선에 복음을 전파하던 나머지 열 명의 선교사 가운데 세 명이 박해자들의 추적에서 벗어나는 데 성공하였다. 그들은 이곳저곳으로 도망 다니면서 엄청난 고생을 겪었다. 5월 15일에는 페롱 신부와 리델 신부가 상봉할 수 있었다. 다음 달, 세 번째 생존자인 칼레 신부 역시 그들과 연락이 닿았다. 그들은 서로 합의하여 일행 중 한 명이 중국으로 가서 조선 교회를 구할 방도를 찾기로 결정하였다. 교구의 장상이 된 페롱 신부가 그 임무를 리델 신부에게 맡겼으니, 그는 눈물을 흘리며 조선을 떠나야만 하였다. 배 한 척이 마련되었고 11명의 조선인 교우가 배에 올랐다. 그들은 6월 말에 출발하여 험난한 항해 끝에 다음 달 7월 7일 산둥성의 즈푸(芝罘)에 닿았다. 선교사는 프랑스 함대를 지휘하는 로즈(Roze) 제독을 찾아가서 상황을 설명하였고 제독은 조선 교구를 구하러 가겠다고 약속하였다.

프랑스 함대의 조선 원정

9월 18일 로즈 제독은 세 척의 배를 이끌고 즈푸를 출발하였다. 선상에는 통역으로 따라온 리델 신부가 타고 있었다. 불행하게도 제독은 프랑스 정부로부터 그 어떤 지시도 받지 못한 상황이었다. 그것이 어쩌면 그가 실패하게 되는 원인이겠으나, 속단하지는 말자. 함대는 곧 조선 해역에 도달하였다. 20일 그들은 한강 하구를 정찰했고, 25일 두 척의 배가 강을 거슬러 올라가 서울 가까이에까지 접근하였다. 30일 그들은 뒤에 남겨두었던 '프리모게'호와 다시 합류하여 10월 3일 즈푸로 되돌아왔다. 이제는 실전에 나설 차례였다.

10월 11일 제독은 이번엔 일곱 척의 배를 이끌고 다시 즈푸를 출발, 13일 강화도 앞에 도착하였고 이튿날 별다른 저항 없이 섬을 점령하였다. 그곳에서 제독은 조선 국왕에게 서한을 보내어 선교사들에게 극형을 내린 관원 세 명[16]을 그에게 넘겨줄 것과 전권을 지닌 고관을 파견하여 조약을 맺을 것을 요구하였다. 왕은 그 서한에 회답하지 않았다. 한편 제독은 겨울이 다가오는 것을 보고 중국으로 철수하기로 결정하였다. 하지만 그 전에 그는 강화읍과 그곳에 있던 궁전[장녕전(長寧殿)]을 약탈하고 불태웠다. 그러고 나서 그는, 프랑스인들이 겁을 먹고 도망쳤고 그리스도교인이 이러한 침략과 그로부터 입은 피해를 책임져야 한다는 한 가지 생각밖에 없는 외교인들의 분노와 보복에 저 불쌍한 교우들을 무방비로 내버려 둔 채, 즈푸로 떠나고 말았다.

수년간 박해가 지속되다

조선에 남아 있던 두 명의 선교사는 프랑스 배들이 왔다는 것을 알고 선상으로 피신하고자 하였다. 하지만 배들이 정박한 곳에 그들이 도착하였을 때는 배들이 이미 떠난 뒤였다. 그래서 그들은 어느 중국 배를 얻어 타고 즈푸로 향하였다. 조선에는 이제 선교사들이 없었다. 그들 중 누군가가 다시 그 땅을 밟기 위해서는 오랜 세월을 기다려야만 할 것이다. 그런데 목자를 잃은 조선 교우들은 어찌 되었는가? 아아! 섭정은 노발대발하여 사교의 무리를 모조리 진멸할 것을 공언하였고 심지어 아녀자들까지도 사정

대구 계산동 성당

을 두지 말라 명하였다. 1866년 9월에 벌써 2,000명의 교우가 박해자들의 칼 아래 쓰러졌다. 1870년에는, 공공연한 소문에 따르면, 8,000명의 교우가 처형당하는 대살육이 있었다고 하는데, 이 숫자에는 산속으로 피신하여 가난과 굶주림으로 죽어간 사람들은 전혀 포함되지 않았다.

이렇게 해서 조선 교회의 세 번째 시기는 피로 물든 채 그 막을 내렸다. 몇 년 후에 우리는 새로운 여명이 밝아오는 것을 보게 될 것이다. 아마도 그것은 고된 새벽이 되리라. 너무도 많은 폐허를 재건해야 하고 너무도 많은 상처를 치료해야 하며 너무도 큰 피해를 복구해야 한다. 새벽은 아직까진 어둡겠으나 머지않아 풍성한 구원의 열매를 맺게 될 것이다. 순교자들의 피가 이번에도 역시 헛되이 흐른 것은 아닐 것이다.

용정 성당, 마을 내 두 곳의 가톨릭 학교 학동들과 함께
현재는 원산 대목구에 속한다.

제3부

✝

카타콤바 밖으로 나온
조선 교회,
수확을 시작하다

(1867~1911)

LE CATHOLICISME EN CORÉE – SON ORIGINE et SES PROGRÈS

제 1 장
조선 재입국을 위한
선교사들의 시도(1867~1870)

박해와 신교의 자유

푸르티에 신부는 1865년 11월 20일 자 편지에서 향후 종교 자유의 실현 가능성을 가늠해보면서 뛰어난 예지력으로 다음과 같이 당시의 상황을 설명하고 있다.

"종교의 자유에 관해서라면 지금 당장은 하느님께 맡길 뿐, 우리가 달리 일을 꾀할 바가 없다고 생각한다. 하느님이 우리에게 겪게 하는 것으로 그분의 영광이 더욱 커진다는 믿음 속에 우리는 모든 일을 하느님의 처분에 맡겨야 하며 하느님이 원하시는 바대로 고난과 시련과 박해를 언제라도 기꺼운 마음으로 받아들여야 한다. 더 무엇이 필요한가? 게다가 그토록 소망하였던 종교의 자유가 많은 실망을 낳는다는 말을, 우리가 기대했던 만큼 새 입교자들의 숫자가 늘어나기는커녕 오히려 또 다른 어려움을 야기할 뿐이라는 말을 무척 자주 듣는다. 종교의 자유와 더불어 대개 그 믿음이 부족하고 품행이 방정치 못한 장사치들과 이들보다 더 고약한, 잡다한 교파의 전교인들이 들어온다. 그런데 성령을 모시는 성전이 되어야 할 숱한 영혼이 여전히 마귀의 지배 아래 머문다면, 큰돈을 들여 단단한 돌로 교회를 크게 세운다 한들 무슨 소용이 있을 것인가? 외국인들에 무관심하고 때로는 그들에게 받은 모욕으로 적대심을 보이기까지 하는 저 사람들의 마음을 설득시키지 못한다면, 당당히 고개를 들고 거리를 걸을 수 있다 한들 무슨 소용이 있을 것인가?

우리로 말하면 저러한 성당이 없다. 초라한 오두막에서 성제(聖祭)를 올리고, 걸상이나 널판을 제단으로 삼으며, 흙벽에 걸린 작은 십자가가 제단 위에 빛나는 유일한 장식이요, 손만 뻗으면 아니 그저 고개를 들기만 해도 예배당 천장에 닿는 경우가 비일비재하다. 신자석, 성가대석, 측랑(側廊), 설교단 등이 마련된 그러한 비좁은 두 칸의 방 안에 우리의 남녀 교우들이 빽빽하게 들어찬다. 하지만 그들이 매일같이 겪는 멸시와 모욕과 박해를 바치기 위해 가난한 예수님을 찾아와 경배하는 저 가엾은 자들의 순박함과 또한 저들의 헌신과 독실한 신앙심을 바라보면서 나는 스스로 묻지 않을 수 없다. 아마도 언젠가 저 신도들이 고대광실 같은 성당에 모이는 날이 오게 되었을 때, 과연 저들은 저 순박한 마음, 하느님의 손에 자신을 내맡긴 저 겸손한 영혼, 하느님의 계율을 배우고 지키고자 할 뿐인 저 유순한 정신을 여전히 간직하고 있을 것인가? 또한 우리 역시 아마도 어느 날엔가는 거추장스러운 상복을 벗어버리게 될 것이고, 눈길과 진창 속에서 마냥 헤매고 다닐 일도 더 이상 없을 것이며, 주막집에선 해초를 끓인 국이나 상한 생선 따위가 아닌 뭔가 다른 것을 대접받을 수도 있을 것이다.

하지만 우리가 교우촌에 당도하여 보면, 개신교의 황금으로 인하여, 그리고 서양 장사치나 온갖 부류의 협잡꾼들이 미치는 나쁜 영향 때문에, 우리에게 예배당으로 쓰이는 오두막에 지금 무리 지어 모여든 저 선한 예비자들이 열석한 자리에 빈 곳이 생기지는 않을 것인가? [서양] 그리스도교인의 행위가 스스로의 교리마저 저버리는 것을 우리 조선 교우들이 보게 될 때, 성교를 향한 저들의 열정이 식어버리지는 않을 것인가? 보다시피 이 종교 자유의 문제에는 다른 많은 문제에서와 마찬가지로 찬반이 나뉘며, 가장 나은 길은 모든 것을—즉 박해들 당하든, 평화를 누리든, 자유를 얻든, 혹은 칼을 맞든, 이 모든 일을—순순히 받아들이는 것이다. 그리하여 어느 한쪽으로 기울어짐 없이 나는 그저 하느님께 말씀드리나니, 당신의 뜻대로 이루어지게 하소서(*fiat voluntas tua*)!"

성사 집행 시에는 공소로 사용되기도 했던 어느 교우의 집

이교국의 종교 자유를 위해
외세가 개입하는 것에 관해 어떻게 생각해야 하는가?

우리는 앞에서 로즈 제독이 원정에 실패한 것을 봤다. 제독의 동료 한 명이 그에 관해 놀라움을 표시하자 제독은 대답하길, "나는 내가 원하던 것을 얻었다"고 하였다. 하지만 선교사들의 죽음에 전혀 무고한, 무방비 상태의 강화읍을 파괴한 것을 제외한다면 과연 그는 달리 무엇을 원하고 얻었단 말인가? 도무지 알 수 없는 일이다. 결국 솔직히 말하자면, 그의 행동은 그 정도가 너무 지나쳤거나 혹은 너무 약하였다. 그의 우유부단함은 프랑스 정부로부터 분명한 지시를 받지 못했다는 데에 그 탓을 돌릴 수도 있겠으나 그것은 그가 세우고자 믿었던 명분을 망칠 뿐이었다. 물론 교회 전체를 피로 물들인 저 가혹한 박해의 시기에 교우들이 스스로를 구하기 위해서 외세의 무력 개입에 호소하기를 주저치 않는다는 것은 쉽게 납득할 수 있는 일이다. 그것이 성공하는 경우 비록 충분치는 않을지라도 어느 정도 종교 자유가 신문교우들에게 보장되고 또한 선교사들이 사도로서 임무를 수행하는 데에도 방해가 줄어들 것이다.

그러나 그 가정에도 불구하고 외국 세력의 개입이 과연 이롭기만 하느냐는 데에는 의문이 제기된다. 왜냐하면 그러한 개입은 천주교에 대해 이교도들이 갖고 있는 그릇된 생각을 더욱 심화시킬 것이기 때문이다. 그들은 선교사들을 외세의 길잡이 노릇을 하는 정찰꾼 정도로 간주하게 될 것이고 우리 교우들을 조국의 독립을 해치는 불량한 백성으로 여기게 될 것이다. 다른 한편 대개 무력 개입의 결과인 통상은 새 입교자들을 다른 유럽인들과 접촉하게 한다. 그런데 선교사들의 큰 힘은 그들이 가르치는 교리의 고귀함, 그들의 생활과 그러한 교리와의 일치, 그들의 무사무욕, 그리고 자기희생으로까지 이어지는 그들의 미덕 등에서 나온다. 하지만 통상으로 이 나라에 그 품행이 이따금 수상쩍고 성교와 그 사제들을 존중하지 않으며 명색만 그리스도교인인 다른 외국인들이 들어오면, 또한 몇몇 돈 많은 교파들이 들어와 신문교우들에게 이단이 진리에 맞서고 있다는 사실을 알려주면, 저 단순한 영혼들은 동요하고 그들의 신앙심은 흔들리기 시작한다.

이러한 고찰이 사족처럼 보일 수도 있겠으나, 전혀 그렇지 않다. 왜냐하면 그것은 조선 역사의 근대 시기를 이해하는 데 도움을 줄 것이고 또한 우리가 앞으로 언급하게 될 사실들에서 그 타당함이 드러날 것이기 때문이다. 많은 순교자의 피로 물든 이 땅 위에서 신

앙의 부단한 발전을 보여주며, 우리는 또한 가톨릭교회가 이곳에
서 벌이고 있는 또 다른 투쟁에 관해서도 말할 것이다. 사실 그 어
느 때, 그 어느 곳에서건 가톨릭교회의 운명이란 영혼을 구하시려
는 하느님의 일을 온갖 수단으로 훼방 놓는 저 사탄과 끊임없이
싸워야만 하는 것이 아니던가?

조선 재입국을 위한 선교사들의 시도와 좌절, 그들의 중국 잔류

주교 두 명과 선교사 일곱 명의 순교를 알게 된 파리 [외방전교
회] 신학교는 서둘러 전장에서 쓰러진 용사들을 대체할 새로운 선
교사들을 찾았다. 세 명의 선교사가 순교자들의 자리를 이어받기
위해 지명되었으니 블랑(Blanc), 리샤르(Richard), 마르티노(Martineau)
신부 등이다. 이들은 1867년 파리에서 출발하여 중국에 생존해 있
는 선교사들과 합류하러 갔다. 그곳의 페롱, 칼레, 리델 신부 등은
용기가 꺾이기는커녕 벌써 조선에 입국하는 방법을 찾고자 애쓰
고 있었다. 리델 신부는 좋은 시기가 올 때만을 기다리면서 상하
이에서 번역 작업에 골몰하였고 새로운 동료들에게 조선말을 가르
쳤다. 그는 표류한 조선인들을 만나 그들과 함께 조선 입국을 시도

해볼 작정으로 일본에 가기도 하였다. 하지만 그 조선인들은 켈파르트[제주도] 사람들로 서울에서 벌어진 큰 사건들을 전혀 모르고 있었다. 선교사는 그들에게 자신을 의탁하는 모험을 할 수는 없었다.

칼레 신부는 1867년 베롤(Verrolles) 주교의 후대를 받으며 만주에 자리 잡았다. 그는 조선 땅에 다시 들어가고자 시도하였으나 허사로 그쳤다. 1868년, 프랑스에서 1년 전에 도착한 두 명의 신임 선교사, 리샤르 신부와 마르티노 신부가 그와 합류하게 되었고 한편 6월에 리델 신부는 블랑 신부와 함께 즈푸에서 조선 입국을 시도하였다. 하지만 시도는 무산되었고 그들은 출발조차 하지 못한 채 그대로 만주로 향하였다. 같은 해, 페롱 신부는 5월에 조선 서해안에서, 6월에는 포시에트 만(灣) 쪽에서 두 차례 입국을 시도하였으나 실패했다. 즈푸에 돌아온 이후 그는 프랑스로 돌아가야만 했고 거기서 1년 정도 머문 후에 퐁디셰리 교구에 들어가게 되었다. 페롱 신부가 떠나고 나자 조선 대목구의 관리는 리델 신부의 손에 넘겨졌다. 1868년이 저물 무렵, 리델·칼레·블랑·리샤르·마르티노 신부가 만주에서 모이게 된다. 조선 교구의 장래를 위해 어떤 조치들을 취하는 것이 좋은가를 함께 의논하기 위해 리델 신부가 동료 신부 모두를 소환했던 것이다.

리델 신부는 서둘러 성모설지전(聖母雪地殿)이란 이름으로도 불리는 만주의 작은 마을 차쿠(岔溝)로 향하였다. 조선 교구와 접경한 바로 그곳에서 선교사들은 이제 순교자들의 자리를 이어받고 그들이 못다 한 일을 재개하기 위하여 호시기를 엿보게 될 것이다. 영하 20도가 넘는 추위에 얼어붙은 사하(沙河)의 기슭, 가파른 산정이 하늘을 찌를 듯한 높은 산들에 둘러싸인 그 누추한 마을에서 조선 교회의 제2차 시노드 회합이 열렸다. 이 자그마한 모임은 화려함은 없었으나 중요함이 부족하진 않았다. 리델 신부가 미리 작성하여 제출한 성무 집행 규칙은 자세한 검토를 거친 뒤에 승인되었다. 이어서 가능한 한 빨리 조선 교우들을 구하러 가기 위한 여러 방법을 모색하였고, 봄이 되면 교우 김여경 프란치스코의 안내하에 두 명의 선교사를 조선 해안에 보내기로 결정하였다.

김여경이 먼저 상륙하여 정보를 얻으러 갈 것이고, 만일 그가 좋은 소식을 가져온다면, 그리고 그 소식이 성직자회의가 요구하는 모든 안전을 보장하는 것이라면, 신부들도 뒤따라 뭍에 내릴 수 있을 것이다. 12월 8일 그들은 공동체 계약에 서명하여 이를 베롤 주교에게 승인받았고 그 계약은 1874년까지 지속되었다. 여러 번역 작업을 하는 틈틈이 선교사들은 그들과 함께 있던 몇몇 조선 교우의 도움을 받아가며 조선말을 익히는 데 계속하여 힘쓸 뿐만 아니라 중국말도 배우게 되었다. 그로써 선교사들은 그들이 자리 잡은 성모설지전의 중국인 교우들은 물론 때때로 다른 교우 공동체들까지도 돌볼 수 있게 되었다. 그리하여 선교사들은 차쿠 뿐만 아니라 그들이 '버드나무 숲'이라 부르던 양목림자(楊木林子)에 도 때때로 모습을 보이게 된다. 그들은 베롤 주교가 거처하던 양관 (陽關)—'사슴 길목' 혹은 '성 후베르토'—에도 자주 왕래하였다.

제 2 장
리델 몬시뇰과 블랑 몬시뇰의
대목구장 재임 시기 그리고
조선과 외국 열강들 간의 조약(1870~1890)

제6대 조선 대목구장 리델 몬시뇰

칼레 신부와 마르티노 신부는 시노드에서 결정된 위험천만의 시도를 위해 그들이 선택된 것을 기쁜 마음으로 받아들였다. 그들이 이번 여행을 준비하는 동안 리델 신부는 즈푸로 갔다. 1869년 4월 24일 리델 신부가 전교에 관련한 몇 가지 일을 해결하기 위해 상하이에 있을 때, 그는 칼레 신부가 조선에 가는 데 필요한 배를 사지도 빌리지도 못했다는 것을 알게 되었다. 성모설지전으로 돌아온 리델 신부는 칼레 신부가 병들고 낙심하여 방금 프랑스로 떠나고 말았다는 가슴 아픈 소식을 듣게 되었다. 어쩔 것인가? 포기해야 하는가? 리델 신부는 물러서기는커녕 아무런 망설임도 없었다. 며칠 후 그는 블랑 신부와 함께 신의 은총에 몸을 맡긴 채 배에 올랐다. 하지만 두 사도는 단지 조선 해안에 접근하는 데에만 성공하였을 뿐, 조선 교우들과 연락이 닿지 못한 채 만주로 되돌아와야만 하였다. 그곳에서 7월 18일 리델 신부는 그가 대목으로 임명된 것을 알았다. 1870년 초 교황의 부름을 받은 신임 주교는 바티칸 공의회에 참석하기 위해 길을 떠났다. 6월 5일 그는 로마교황청에서 많은 주교가 지켜보는 가운데 본쇼즈(Bonnechose) 추기경에 의해 성성되었다.

대원군과 부대부인 민 씨(마리아)의 묘
이 묘는 서울에서 5리쯤 떨어진 곳에 있었다가 몇 년 전에 다른 곳으로 이장되었다.

1871년 미국의 조선 원정과
조선 입국을 위한 선교사들의 새로운 시도

1871년 리델 주교는 만주에 돌아왔다. 한때 선교사들은 조선이 외국에 문호를 개방하는 것이 아니냐는 희망에 들떴다. 수년 전부터 조선 해안에 좌초한 미국 배 여러 척이 불에 타고 선원들이 죽임당하는 일이 빈번하였기에 미국 소함대 하나가 난파한 선원들의 보호를 위한 조약을 협상하고자 강화도 부근에 나타났던 것이다. 그런데 6월 1일 두 척의 미국 포함(砲艦)이 섬과 육지 사이에서 수심을 측량하던 중에 조선인들이 경고 없이 포격을 가한 일이 발생하였다. 포함은 즉시 반격하여 요새를 잠재웠다. 로저스(Rodgers) 제독은 조선 측 하급 무관의 실수라 생각하고 일단은 해명을 기다렸다. 아무런 해명도 없었다. 6월 10일 그는 강화도의 요새를 점령하고 조선 측과 협상을 시도하였으나 아무런 결과도 얻지 못했다. 조선에 조약을 강제할 유일한 방법은 아마도 나라 안으로 더 깊숙이 진입하여 수도를 점령하는 것이었으리라. 하지만 그는 충분한 무력을 보유하지 못하였기에 물러나야 했고 사건은 그것으로 종결되었다.

수년 동안 주교와 선교사들은 조선을 둘러싼 울타리를 뚫어보고자 다시 여러 차례 시도하였다. 그런 가운데 1875년 주교와 블랑 신부는 그들에게 최후의 순간이 왔다고 믿을 정도의 큰 폭풍을 겪기도 하였다. 그때 그들은 루르드의 성모마리아께 간절히 기도하였고 비록 조선에 닿지는 못하였지만 적어도 다시 중국 땅에 되돌아갈 수 있었다. 루르드 성당 내의 제단 한 곳에는 성모마리아가 주교와 선교사를 보호해준 일을 상기시키는 대리석으로 된 봉납물이 아직 남아 있다.

1876년, 마침내 그들의 시도에 운이 따랐다. 블랑 신부와 (갓 프랑스에서 도착한) 드게트(Deguette) 신부를 대동하고 뱃길에 오른 리델 주교는 조선인 안내인들과의 약속 장소에 닿는 데에 성공하였다. 하지만 안내인들은 지금으로선 리델 주교가 중국에 머무는 것이 조선 교회를 위해서 더 나을 것이라 주장하며, 두 선교사만을 조선에 데려가고자 하였다. 주교는 그들의 간청에 굴하였고 또다시 만주로 되돌아와야만 하였다. 그러는 동안 그의 두 사제는 다행히도 조선 땅에 발을 딛는 데 성공하였고 남몰래 서울에 들어왔다.

리델 주교의 조선 입국, 그의 체포와 방면

리델 주교는 한 가지 생각밖에는 없었으니, 서둘러 두 선교사와 합류하러 가는 것이었다. 그리하여 그는 1877년 가을, 지난봄에 프랑스로부터 만주에 도착한 두세(Doucet) 신부와 로베르(Robert) 신부를 데리고 18일간의 피로와 위험을 겪은 끝에 무사히 조선 땅에 닿았고 서울에 정착하였다. 로베르 신부에게 그는 학당을 여는 임무를 맡겼고, 다른 이들은 박해로 인해, 그리고 오랫동안 사제가 없었음으로 인해 더욱 황폐해진 교회를 재건하는 일을 계속하여 갔다. 주교 자신은 교리문답책을 준비할 생각이었다.

그러나 1878년 1월 주교와 선교사들의 서한을 중국에 전달하는 일을 맡은 어느 교우가 붙잡혔다. 고문을 당한 그는 사제들이 있다는 사실을 누설하였고 1월 18일 리델 주교가 붙잡혀 투옥되었다. 다른 선교사들을 사로잡기 위해 포졸들을 풀어 사방을 뒤졌으나 그들을 발견하진 못하였다. 그런데 조선 정부는 무척 난감한 상황이었다. 시대가 바뀌었다는 것을 그들 역시 깨닫고 있었다. 이미 1876년 2월, 조선 정부는 마지못해 강화도에서 일본과 조약을 체결해야만 했었다. 그리하여 조선 정부는 스스로 묻지 않을 수 없었으니, 외국인들을 과연 예전처럼 엄하게 다루어야 하는가?

조선 정부가 주교를 어떻게 처리해야 할지 몰라 망설이던 차에, 6월 베이징으로부터 주교를 중국으로 되돌려 보내라는 황제의 명이 내려왔다. 이 다행스러운 귀결은 프랑스 공사가 총리아문에 영향력을 행사한 덕분이었다. 리델 주교가 서울을 떠나 정중히 국경까지 송환되던 중에, 일본 역시 그를 풀어주라고 요구하여 왔다. 과연 시대가 바뀌긴 하였도다! 더구나 이번에 선교사들을 보호하기 위해 개입한 것은 바로 이교국 정부들이었던 것이다. 불행하게도 주교와 함께 붙잡혔던 교우들은 그러한 개입의 혜택을 받지 못하였고 거의 모두 옥에서 죽었다.

당시 예수 그리스도를 위해서 그들의 삶을 바친 교우들 가운데 특히 리델 주교의 가주인 최지혁 요한을 짚고 넘어가야 한다. 주교와 함께 체포된 그는 7월 14일 옥에서 비참히 죽었다. 이 독실한 신자는 1866년부터 여러 차례 중국을 드나들었고 선교사들의 재입국을 준비하기 위해 동분서주하였다. 뛰어난 달필로, 요코하마에서 (바로 아래에 언급이 있을) 한불자전과 [한어]문전을 인쇄할 때 주조 활자의 글자본으로 쓰인 한글 글씨가 바로 그의 솜씨다. 중국을 드나드는 틈틈이, 그는 격려와 충고로써 교우들을 돕고, 우리가 위에서 언급했듯이 그 당시 차쿠에 머물던 주교에게 정기적으로 서신을 보내고, 폐허로 변한 조선 교구의 비참한 상황을 낱낱이 알리는 등, 조선 교회의 재건을 주도하였다. 그가 죽었을 때

괴상한 일이 일어났는데, 그에 대한 증인들도 있으니 자세한 이야기를 들어보도록 하자. 당시 블랑 신부는 부주교였다. 어느 날 아침, 그가 막 자리에서 일어나 양말을 신고 있던 차에 고개를 들어보니 방 안 한구석에 최지혁이 있는 것이 아닌가? 신부는 그가 아픈 몸으로 옥에 갇혀 있다는 것을 알았기에, 그 헛것에 무척 놀라서 자기도 모르게 두 눈을 감았다. 그가 다시 눈을 떴을 때 방 안에는 아무도 없었다. 신부는 곧 최지혁이 죽었다는 생각이 들었다. 그는 용감한 교우를 위하여 미사를 올렸고 실제로 그 얼마 후에 최지혁이 죽었다는 소식을 듣게 되었다. 이 이야기를 전해준 이는 바로 뮈텔 몬시뇰로 그 역시 블랑 몬시뇰한테서 여러 차례 직접 들은 바 있다고 하였다.

조선어 문전과 사전

우리는 선교사들이 강제로 중국에 추방당해 있던 10년의 세월이 바다나 변경을 헤매고 다니는 틈틈이 조선어에 대한 진지한 연구에 몰입할 기회가 되기도 했다는 것을 보았다. 이와 관련하여 여러 명의 조선인이 상하이와 차쿠에서 선교사들과 함께 지내며 큰 도움을 주었는데, 특히 김여경 프란치스코, 최지혁 요한, 권치문 타

데오 등을 들 수 있다. 그 연구를 출판할 시기가 되었다. 1876년에 경리 일을 그만두고 조선 선교 사업에 뛰어든 코스트(Coste) 신부는 1877년 리델 주교로부터 문전과 한불자전의 인쇄를 맡으라는 명을 받았고 그러한 목적으로 일본 요코하마에 가서 정착하였다. 그의 수완과 지칠 줄 모르는 헌신 덕분에 문전은 1880년에, 자전은 1881년에 출간될 수 있었으니 조선어를 다룬 최초의 서양어 출판물이었다.

두 명의 선교사 체포당하다

1879년 리델 주교가 체포당하자 선교사들은 한동안 활동을 중단하고 산속에 안전한 은신처를 구해야만 하였다. 하지만 가을이 되자 그들은 다시 활동을 재개했고 1876년부터 부주교의 권한을 행사하던 블랑 신부가 교구를 이끌게 되었다. 별다른 사건 없이 겨울을 보내는가 싶더니 1879년 5월 15일 갑자기 드게트 신부와 14명의 교우가 어느 거짓 형제의 배신 때문에 공주군에서 붙잡혔고 서울로 끌려갔다. 이번에는 이 체포 소식을 알고 국왕이 노여워하는 듯했으니 일본이나 중국 혹은 다른 열강들이 개입할 것이 틀림없는, 골치 아픈 사건을 떠안게 된 것이다. 실제로 그런 일이 벌어졌다. 선교사의 체포 소식을 들은 베이징 주재 프랑스 공사가 활발히 교섭을 벌인 끝에 11월 7일 중국의 명에 따라 드게트 신부는 그 전해의 리델 주교와 마찬가지로 서울을 떠나 북쪽 국경으로 추방되었다. 세 명의 선교사만이 조선에 남게 되었다. 그들에겐 도움이 필요했다. 도움은 이내 도착하였다.

1880년 봄, 뮈텔 신부와 리우빌(Liouville) 신부가(전자는 1877년부터, 후자는 1878년부터 만주에서 대기하던 중이었다) 조선 입국을 시도했으나 실패하였다. 가을에 다시 길을 떠난 그들은 11월 12일 황해도 지방에 상륙하는 데 성공했고 장연에 정착하였다. 1881년 1월 뮈텔 신부는 서울과 더 가까운 마을인 백천에 도착, 거기서 로베르 신부와 조우하게 되어 있었다. 그해 봄, 여전히 백천에 머물던 중에 리우빌 신부가 붙잡혔다는 소식을 듣게 된 뮈텔 신부는 서울로 가서 숨어 지내게 되었다. 지난 3월, 리우빌 신부가 살던 집 주변에 사람들의 왕래가 잦은 것을 수상쩍게 여긴 포졸들이 신부를 체포하게 되었던 것이다. 다만 그들은 상부의 허락 없이 일을 벌였고 보고를 받은 지방관은 아마도 또다시 언짢은 일이 생길까 염려하여 죄인을 풀어주라고 명하였다. 전에 없던 일이었고 모두가 매우 놀랐다. 선교사들은 마침내 승리를 쟁취하였고 조선 땅을 정복

한 듯 보였다.

사람들은 이제 선교사들이 조선에 있다는 것을 알고도 그들을 가만히 내버려두었다. 하지만 우리가 앞으로 보게 되듯이 자유로운 조선 출입이 공식적으로 가능해진 것은 그 이듬해(1882)부터였다.

나바위 마을
1845년 10월 12일 페레올 주교와 다블뤼 신부를 이끌고 조선에 잠입하려던 김대건 일행의 배가 지금은 독실한 교우촌으로 바뀐 이 마을을 지나간 바 있다.

마지막 척사윤음(1881년 6월 12일)

조정과 민간에선 신앙의 자유를 받아들이고 서양인들과 교류를 갖고자 하는 바람까지 드러냈던 반면에, 유생들과 몇몇 벼슬아치들은 오래전부터 조선 백성을 다른 나라들로부터 격리시켜온 맹목적이고 이기적인 정책을 고수하고자 그들의 모든 노력을 다하였다. 여름 내내 팔도의 유생들은 일본인들과 그리스도교인을 몰아내라는 상소를 무수히 올렸다. 강경책에 마음이 없던 임금은 그들의 주장을 듣지 않았다. 유생들은 재차 상소를 올렸다. 마침내 역정이 난 임금은 각 도에 한 명씩 주동자들을 붙잡게 하여 그들을 유배 보냈다. 그뿐 아니라 그들 가운데 하나는 고집이 누구보다 세고 왕과 왕비가 천주교인이라 고발하는 무례까지 범했기에 엄한 벌로 다스린 뒤 그 이튿날 밤에 사형에 처하였다.

그러나 동양 고유의 방식이라고나 할까, 임금은 성난 유생들을 달래고 또한 그들을 침묵케 하기 위해서 1881년 6월 12일 자로 윤음을 반포하였다. 거기에서 그는 우선 우리의 성교를 모독하고, 그것을 진멸하는 데 있어서 그 선왕들의 무력함을 인정한 후에, 그것을 사라지게 하는 유일한 방법으로 공자의 가르침을 뒤따르는 데 더욱 힘쓸 것을 지시하고, 그러면 "사특한 것은 절로 사라질 것이다"라 하였다. 동시에 그는 포도대장에게 더 이상 그리스도교인을 뒤쫓지 말라고 명하였다. 시대가 정말 바뀐 것이다.

조선과 외국 열강들 간의 조약

1866년 프랑스의 원정과 1871년 미국의 원정은 조선의 문호를 개방시키는 데 성공하지 못하였다. 우리가 위에서 봤듯이 1876년 2월 일본은 조선에 강화도 조약을 강제하였고 그 결과 일본인들이 나라 안에, 특히 서울에 서서히 모습을 보이기 시작하였다.

1882년 5월 22일에는 미국이 조선과 조약을 맺었다. 이에 영국과 독일이 협상을 개시하였고 수년 뒤에는 프랑스와 다른 열강들이 그 뒤를 따랐다. 하지만 조선인 중에는 그런 협상을 달가워하지 않는 이들이 많았다. 특히 자신의 정책이 실패한 것에 격노한 대원군은 왕과 일본인들에 맞서 군란을 도모하였다(1882년 7월). 하지만 낭패였다. 일본은 이를 우습게 보고 응징에 나서려 하였다. 전쟁이 두려웠던 조선인들은 비굴하게 사과할 도리밖에 없었고 그들의 자존심으로서는 받아들이기 쉽지 않은 새로운 조약을 맺어야만 하였다. 일본은 차후로 서울에 군대를 주둔시킬 수 있는 권리를 얻게 되었다. 조약 가운데 특히 이 조항이 중국인들을 화나게 하였다. 그들은 섭정이 군란에 실패한 것을 용납할 수 없었다.

어느 가을날 그들은 섭정을 자기네 군영으로 끌어들인 뒤 중국 보정부(保定府)로 납치하였고 거기서 그는 다시 조선에 돌아가는 것이 허락되기까지 수년간 유배를 당하였다.[17] 이교도들이 보기에도 이런 모든 사건은 하늘이 내린 벌이라 하지 않을 수 없었다. 예전에 대원군의 명에 따라 수천의 무고한 사람이 회자수의 칼 아래 죽어간 것에 대한 복수인 셈이었다.

조약에 의한 조선의 문호개방은 반도에 개신교가 들어오는 계기가 되었다. 그때까지 이단의 성직자들은 '은둔 왕국'에 잠입하는 위험을 무릅쓰지 않았는데 그 이유는 설명이 불필요하다. 곧 그들은 잃어버린 세월을 따라잡았다. 1866년 푸르티에 신부가 이들과의 경쟁을 두려워했던 것은 옳은 판단이었으니, 개신교는 곧 큰 기세를 떨치게 될 것이다. 이 책의 말미에 실린 표는 지난 40년간 그들이 조선에서 거둔 성과를 잘 보여준다.

제7대 조선 대목구장 블랑 몬시뇰

1882년 당시 부주교였던 블랑 신부는 리델 주교의 보좌주교로 임명되었다. 사실 중국으로 추방당해 있던 리델 주교는 조선 교회를 직접 이끌어갈 수가 없었다. 게다가 전교 활동으로 지치고 병든 주교는 1881년 뇌내출혈로 쓰러졌고 프랑스로 돌아가 그곳에서 1884년에 사망하였다. 그리하여 블랑 보좌주교가 자연스레 그의 후임이 되었다.

신임 대목구장은 우선 방인 사제 양성이라는 중차대한 사업에 그의 모든 정성을 쏟았다. 이미 20명의 학생을 은밀히 페낭 신학교에 보낸 바가 있었다. 주교는 그 사업을 더욱 발전시키고자 그의 대목구 내에 소신학교[원주 부흥골 예수성심 신학교]를 세워 다른 학생들을 가르쳤다. 1887년 9월 21일 블랑 주교는 조선 교회 지도서를 공포하였다. 이것은 주로 리델 주교가 남긴 메모들을 근간으로 거기에 쓰촨 시노드 교령을 요약하여 덧붙인 일종의 법규집이다. 리델 주교는 바티칸 공의회에서 돌아온 이후 조선을 정식으로 예수성심(聖心)에 봉헌할 수 있기를 항상 꿈꾸었다. 용감한 주교가 이루지 못한 일을 그의 후임은 서둘러 성사시키고자 하였으니 1888년 6월 8일 조선 대목구는 마침내 예수성심에 봉헌되었다. 프랑스와 조선 정부는 이미 2년 전에 조약을 체결한 바 있었다. 이제 희망이 보이는 듯하였다.

같은 해 1888년 샤르트르 성 바오로 수녀회가 서울에 들어왔다. 이 용감한 수녀들은 즉시 서울에 거처를 정하고 수년 전에 선교사들이 설립한 고아원을 맡아 운영하게 되었다. 조불 조약의 덕분으로 선교사들은 그때까지 호기심 많은 시선으로부터 그들을 숨겨주었던 상복을 마침내 벗어버릴 수 있게 되었고 차츰 수단을 입고 어디든 다닐 수 있게 되었다. 코스트 신부가 요코하마에 세웠다가 2년 뒤 나가사키로 옮겼던 조선 교회의 인쇄소는 이제 서울로 이전되어 그 작업이 계속되었고 많은 성과를 올릴 수 있었다.

이제는 성당을 세워야 했다. 조선 교우들한테 카타콤바의 삶은 끝났기 때문이다. 서울 성안이 한눈에 내려다보이는 썩 좋은 부지를 어렵사리 매입할 수 있었다. 조선 정부는 그런 성당 시설이 들어서는 것을 막아보려 무척 애썼으나 오랜 협상 끝에 주교의 권리를 인정해주었고, 1890년 2월 2일 블랑 주교는 성모마리아에게 이번 일이 잘 해결된 것을 감사드리는 장엄미사를 올릴 수 있었다. 그러나 안타깝도다! 그는 자신이 벌인 활동의 복된 결실을 오랫동안 누릴 수가 없었다. 며칠 뒤에 그는 몸져누웠고 동월 21일 선교사들이 지켜보는 가운데 숨을 거두었다.

제 3 장
조선 대목구장
뮈텔 몬시뇰, 수확

1890년 조선 교회의 현황

블랑 주교가 선종하였을 때 천주교인의 수효는 1만 7,577명이었고 선교사는 22명이었다. 서품을 받은 방인 사제는 아직 한 명도 없었으나 40여 명의 신학생이 페낭이나 조선에서 사제품을 준비하고 있었다. 아직 성당 한 채 지어진 것이 없었다. 하지만 곧 성당들을 세우게 될 것이고 외교인들에게 천주의 이름을 알리게 될 것이다. 당시 공소는 319곳에 달하였다. 매년 평균 1,000명의 외교인 성년자들이 세례를 받았다. 그와 같이 우리는 곧 조선 교회가 성장하고 번영하는 것을 보게 될 것이다. 하지만 불행하게도 이제 진리의 곁에 이단이 들어설 수 있게 되었으니, 이는 일본인들이 들여

올 물질 문명에 앞서 선교사들이 당장 부딪히게 된 새로운 난관이
었다.

제8대 조선 대목구장 뮈텔 몬시뇰

블랑 주교의 후임은 1885년부터 일본·조선·만주 교구의 대표로
파리에 머물고 있던 뮈텔 신부였다. 그는 앵베르 주교 및 모방·샤스
탕 신부의 거룩한 치명 기념일인 1890년 9월 21일, 파리 외방전교
회 신학교 성당에서 리샤르(Richard) 추기경에 의해 성성되었다. 블

대구 신학교

랑 주교는 "하얗게 무르익어 추수하게 되었도다(*Albæ ad messem*)"라는 문구를 표어로 취한 바 있었다. 신임 주교는 델페슈(Delpech)신부로부터 표어를 하나 받았는데, 그것은 하느님의 은총으로 지금도 이어지고 있는 오랜 주교 임기의 예언과도 같았으니, 그의 문장(紋章)에는 이렇게 적혀 있다. "순교자들의 꽃이 피어나게 하라(*Florete, flores Martyrum*)." 과연 그 꽃들은 피어났으니, 나중에 이를 부분적으로나마—이 짧은 책에서 이후 수년간의 사정을 모두 다룰 수는 없는 노릇이기에—다시 언급하도록 하겠다.

1891년의 민란과 1894년의 청일전쟁

뮈텔 주교는 1891년 초 조선에 도착하였다. 당시 반도는 민란으로 혼란스러웠다. 30여 년 전 동학(東學)이란 이름하에 생겨난 한 종교는 오로지 한 가지 목적만을 갖고 있었으니, 곧 외국인들을 나라 밖으로 몰아내는 것이었다. 그로 인해 1891년과 이후 수년간 여러 지방에서 폭동이 일어났다. 중국과 일본이 조선의 내정에 간섭하고자 했고 곧 양국 간에 전쟁이 벌어졌다. 각처에서 수많은 교우가 큰 고통을 겪어야만 했으며 목숨을 부지하기 위해 피신해야만 하였다. 특히 호남 지방의 선교사들은 곧 그 상황이 견디기 힘들 정도가 되었다.

　7월 24일 뮈텔 주교는 그들로부터 "선교사들과 교우들 모두 목숨이 위태하다"는 급보를 받았다. 주교는 도망치거나 서울로 피신하라는 회답을 선교사들에게 보냈다. 그 누구보다 더 위험한 처지에 있던 조조(Jozeau) 신부는 서울을 향해 길을 떠났다. 7월 29일, 그는 공주 부근에서 일본군에 패해 도주하던 청군의 전위 부대와 마주쳤다. 장군은 병사들에게 명하여 그를 붙잡아 처형케 하였다. 전라도에 있던 두 선교사, 보두네(Beaudounet) 신부와 비에모(Villemot) 신부는 제때 도망칠 수 있었으나 6주 동안 숱한 위험을 헤쳐나가야만 하였다.

　프랑스 전함 '앵콩스탕'호가 그들을 구하기 위해 급파되었으나 소식을 들은 사제들이 해안에 도착하였을 때는 이미 약속 날짜로부터 며칠이 지나 있었고 배도 다른 곳으로 떠나고 난 다음이었다. 그런데도 두 선교사는 결국 서울에 닿을 수 있었다. 도중에 잠시 배를 탄 것을 제외하고 400리 길을 걸어왔으니 그들이 서울에 도착하였을 때는 피로로 기진한 상태였다. 주교는 혹시나 하는 걱정에 다른 선교사들 역시 한동안 서울로 불러들였다.

선교사들의 활동과 복음화의 진척

1. 서울

이러한 민란과 그 뒤를 따른 전쟁과 혼란, 그리고 여러 사건이 있었음에도 선교사들은 오래전에 황폐해진 주님의 밭을 다시 일구어 많은 성과를 올릴 수 있었다. 1891년, 서울 근교의 용산에─예전에 선교사들과 교우들이 예수 그리스도를 고백하였던 형장에서 멀지 않은 곳에─신학교 교사가 세워졌다. 서울 교외의 약현에는 코스트 신부의 설계에 근거하여 두세 신부가 최초의 벽돌집 성당을 지었고 1893년에 축성식을 가졌다. 왕의 어머니요 대원군의 처이며 박해의 시기에 이미 예비자였던 부대부인 민 씨가 비밀리에 서울에서 뮈텔 주교에 의해 마리아라는 세례명으로 영세를 받았다. 또한 코스트 신부가 공사를 시작했던 [종현] 대성당이 프와넬(Poisnel) 신부에 의해 완공되어 예전에 조선 정부가 그토록 내주지 않으려 했던 장소에 들어서게 되었다. 1898년 사방에서 모여든 수천의 교우가 지켜보고 조선의 대신들과 외국 열강의 외교관들이 참석한 가운데 공식적으로 봉헌될 수 있었다.

같은 해, 섭정과 그의 아내 부대부인 민 마리아가 죽었다. 이 유명한 천주교 박해자는 그가 저지른 학살의 기억으로 오래전부터 이미 양심의 가책을 느끼고 있었다. 그뿐만 아니라 1866년 이후 죽임당한 그리스도교인들의 "가엾은 넋이, 이승을 떠나며 품었을 한을 달래주기 위하여" 그가 승려들을 시켜 절에서 제를 올리게 했다는 이야기도 거의 사실인 듯하다. 이는 그리스도교인들이 무고하다는 것을, 그들이 그 어떤 죄도 짓지 않았다는 것을 공공연히 밝힌 셈이었다.

2. 지방

이제는 모든 일에 틀이 잡혀가고 있었다. 선교사들은 조약을 통해 간신히 얻어낸 반 토막의 자유를 최대한 이용하였다. 솔선수범을 보이며 사목 활동에 지칠 줄 모르던 뮈텔 주교는 매년 그의 방대한 대목구 구석구석을 돌아다녔다. 당시엔 철로나 도로가 없었고 노새나 다니기에 적당한, 좁고 험한 길이 있을 뿐이었다. 여행길은 멀고도 더디었고, 멀리 떨어진 몇몇 사목구에 이르기 위해서는 말을 타고 열흘에서 보름을 가야 했다. 무슨 상관이랴? 용감한 대목은 사제들의 본당뿐만이 아니라 모든 공소를 단 한 곳도 빼놓지 않고 자세하게 살피었고 예전처럼 이교도들의 눈치를 볼 것 없이 마침내 훤한 대낮에 그들의 주교를 맞이하게 된 교우들은 크게 기뻐하였다. 다시금 교회는 승리하였고 그리스도는 조선에 군림하였다. 선교사들의 본거지가 세워지기 시작하였고 곧 그 수를 늘려갔다. 1890년 이전에는 나라 안에 어떤 정해진 본당이 존재하지 않았다. 선교사들은 이곳저곳을 옮겨 다녔다. 그들은 마을을 피하여 천주교인들만 사는 깊은 산골에 주로 숨어 지내곤 하였다. 차츰 상황이 자유로워지면서, 그들 역시 그늘에서 벗어날 수 있었다.

그리하여 가장 중요한 것들만 언급하자면, 우선 1890년에 제물포 본당이 세워졌다. 같은 해 로베르 신부가 대구에 자리를 잡았는데 그 과정이 쉽지만은 않았다. 사실 그는 어느 날 불량배들에게 쫓기어 그곳을 떠나야만 하였다. 하지만 곧 중앙 정부의 명에 따라 그는 서울에서 대구로 포졸들의 정중한 호위를 받으며 되돌아갈 수 있었다. 또한 1890년에는 조조 신부가 부산에 본당을 차렸고 1891년에는 보두네 신부가 전주에 정착하였다. 한편 1895년 르장드르(Legendre) 신부는, 프와넬 신부가 이미 1884년과 1885년 사이에 1년간 머문 적이 있던 반도 북쪽의 평양에 정착하였고 1898년에는 르메르(Le Merre) 신부와 교체되었다. 여기저기서 하나둘씩, 하지만 여전히 경계심을 품고 있던 지방 관아를 자극하지 않기 위해서 처음엔 조심스럽게, 조선식의 작은 성당들이 땅 위에 모습을 드러냈다. '조심스럽게'라고 말한 이유는, 만일 조약 내용의 문구를 그대로 적용시킨다면, 선교사들이 조선 내지에 거주하는 것은 허용되지 않았기 때문이다. 사실, 외국인들이 대지를 매입하거나 건물을 세우는 것이 허용되고 동시에 그들에게 자유로운 종교 활동이 보장된 서울과 양화진, 그리고 제물포항·원산항·부산항 및 그 주변 사방 10리 되는 지역을 제외하면, 조선 영내에 정착하는 것이 그 누구에게도 허가되지 않았다. 조선 영토를 두루 돌아다니기 위해선 통행권[호조(護照)]을 지녀야 했고, 그렇다고 해도 "상점을 열거나 상설 시장을 개설하는 것"은 불가능하였다. 그러나 이런 조항에 대한 해석이 차츰 제멋대로 이루어지게 되었고, 그 덕분에 선교사들도 백주에 온 나라를 두루 돌아다닐 수 있게 된 것이다.

보다시피 절대적인 종교의 자유와는 아직 거리가 있었다. 그렇기에 선교사들이 지방에 소유한 본당은 모두가 조선인 교우의 명의로 되어 있었다. 1904년 일본인들이 들어온 이후에야 서울과 개항지들 바깥에 유럽식의 성당들을 건설하는 결단을 내릴 수 있었다. 그리고 조선이 일본에 병합된 1910년에야 비로소 종교의 자유가 반도 전역에 공식적으로 선포되었다. 이렇듯 불확실한 조약에

수원 근교 갓등이 어느 선교사의 한옥

도 불구하고 본당들이 세워지고 특히 충청도·강원도·경기도 등지
에 사목구가 많이 늘었을 뿐만 아니라, 한편으로는 더 많은 선교
사가 들어온 덕분에 또한 1896년부터 용산 신학교가 배출하기 시
작한 조선인 사제들 덕분에 포교 활동의 범위가 넓어지고 그때까
지 발길이 미치지 못한 곳까지도 복음이 전해지게 되었다.

3. 간도(중국령)

그리하여 우리는 1894년 원산에 자리 잡은 브레(Bret) 신부가
중국과 조선이 오래전부터 영유권을 다투어온 조선 북동쪽 끝에

있는 두만강 변 간도(間島)라 불리는 지역과 접촉하는 것을 보게 된다. 1896년 어느 날, 그 지역의 외교인 하나가 얼마 전 소문으로 듣게 된 천주교에 관해서 좀 더 자세히 알아보고자 하는 속마음에 서울로의 여행길에 올랐다. 원산에 도착한 그는 그곳에서 교우들과 선교사 한 명을 만났다. 그들은 이 외교인을 받아들이고 가르쳤다. 두 달 뒤에 그는 영세를 받았고 그의 고향으로 되돌아가서 이번엔 그 자신이 복음을 알리게 되었다.

1년이 지나자 그 먼 지역에 100명이 넘는 예비자들이 영세를 받을 준비가 되었다. 브레 신부는 그렇게 좋은 기회를 그냥 지나쳐버릴 수 없었고 1897년 가을 원정길에 나섰다. 원산에서 두만강까지 가는 데에만 1,300리에 달하는 그 여행은 말 그대로 원정이라 할만 하였다. 그런데도 브레 신부는 1908년 그가 사망할 때까지 러일전쟁 기간 중에 단 한 번을 제외하고 매년 원정을 되풀이하였다. 당시 간도에는 수천 명의 천주교인이 있었는데 현재 그들은 만 명에 가깝다. 1909년 그 지역에 두 곳의 본당이 세워졌다. 용정촌(龍井村)에는 퀴를리에(Curlier) 신부가, 그리고 삼원봉(三元峰)에는 라리보(Larribeau) 신부가 최초의 주임사제로 일하였다. 이듬해, 조선인 사제인 최문식 베드로 신부 역시 조양하(朝陽河) 본당을 세우기 위해 그곳에 파견되었다.

4. 제주교난

이제 우리가 조선 남쪽으로 눈을 돌리면, 우리는 거기서 서양 지리학자들이 '켈파르트'라 명명하고 조선인들은 제주라 부르는 큰 섬 하나를 발견한다. 1899년 페이네(Peynet) 신부, 그리고 1900년 라크루(Lacrouts) 신부가 그 도민들에게 복음을 전하기 위해 헌신하였다. 예비자들은 곧 많아졌다. 1901년 봄에 벌써 242명의 영세자와 700명의 예비자를 헤아릴 수 있었다. 이러한 상황이 언제까지 계속될 수는 없었다. 이 섬은 유별나게 미신을 섬겼으니, 섬을 지배하던 마귀가 보복을 해왔다. 무속인들은 자기네 손님들이 천주교로 빠져나가는 것을 보고 천주교를 헐뜯는 상습적인 중상모략을 퍼뜨렸다.

다른 한편으로 서울에서 세전을 걷으러 온 봉세관이 백성들의 원성을 사게 되었다. 폭동의 조짐을 느낀 조심성 많은 봉세관은 황급히 육지로 되돌아갔다. 그러자 흥분한 백성들은 돌변하여 교우들을 공격하였다. 그들은 교우들을 뒤쫓았고 교우들은 제주읍에 있던 두 선교사―라크루 신부와 무세(Mousset) 신부―주위로 모였다. 읍성은 폭도들에 의해 포위당하였다. 성을 방어해야만 하였다. 하지만 관원들은 곧 폭도들과 타협했고 성문을 열게 하였다. 교우들의 학살이 시작되었고 500명에서 600여 명이 그렇게 죽임을 당했다. 5월 31일 포티에(Pottier) 제독이 보낸 두 척의 프랑스 함선 '쉬르프리즈'호와 '알루에트'호가 두 선교사를 구하러 왔을 때, 관아에 피신해 있던 그들도 목숨이 위태로운 상태였다.

5. 평안도와 황해도

마지막으로 조선 교구의 북서쪽으로 눈을 돌리면, 우리는 평안도와 황해도에서 많은 발전이 있었음을 보게 된다. 그러나 황해도에서는 마지막 결과가 처음의 기대에 훨씬 미치지 못하였다. 1897년과 그 이후 수년간 황해도에서는 수많은 영세자가 나왔다. 천주교에 대한 관심은 굉장해 보였다. 불행하게도 그러한 수많은 입교 가운데에는 온갖 부류의 사람과 또한 신앙관이 뒤섞여 있었고, 선교사들 자신도 좋은 곡식에서 가라지를 한눈에 가려내는 데에 어려움이 있었다. 어쨌든, 그 원인에 있어서 아주 복잡한 사정들 때문에 잘되어가던 일의 흐름이 바뀌게 되었고, 갓 태어난 저러한 교우공동체들이 혼란에 빠져 있다는 것은 사실이다. 이를테면, 몇몇 경솔한 신문교우들이 함부로 입교를 강요하고 다닌 점, 몇몇 불순분자들이 신도들 틈에 끼어든 점, 천주교에 대한 조선 관청의 공공연한 악의와 무시, 외교인들의 증오심, 천주교도와 개신교도 사이의 갈등, 또한 전도에 있어서 우리와 경쟁하는 것이 힘들다는 것을 오래전부터 느껴왔던 미국인 목사들이 그런 갈등에 끼어들게 된 점 등…….

천주교도들은 붙잡혀 매질당하고 옥에 갇혔다. 회장들과 유력한 교우들은 수배당하였다. 마을 전체가 풍비박산이 났고 교우들의 재산은 약탈당하였다. 배교를 원하는 자들은 풀어주고 자유로이 오가게 허락했으니 그것은 진정한 박해였다. 그 결과 여덟 명의 선교사 중에 네 명이 잠시 소나기를 피하고자 그 지방을 떠나야만 하였으니(1903), 그들 역시 큰 위협을 느꼈고 당시 돌아가는 상황을 보건대 무슨 일이 닥칠지 알 수 없었던 것이다.

그러고 나서 차츰 평온이 다시 찾아왔다. 하지만 선교사들이 그들의 자리에 되돌아왔을 때, 얼마나 많은 변절을 확인해야만 하였던가! 우리가 언급한 황해도 지방에서의 저러한 상대적 실패에도 불구하고, 또한 외국인들한테까지도 공격을 가하는 역도들의 빈번한 폭동에도 불구하고, 다른 지역 이곳저곳에서 신문교우들을 해하기 위해 획책된 음모들에도 불구하고, 매년 선교사들 중 누군가가 그 희생양이 되는 폭력과 폭행에도 불구하고, 또한 소송을 걸고 배상을 청구하는 과정에서 빼앗긴 시간에도 불구하고, 당시 조선 땅에서 함께 일하였던 몇 안 되는 사도들은 썩 잘해냈다고 말할 수 있다. 어느 지방에서나 가톨릭교회는 조금씩 입지를 넓혀가고 있었으며 이 시기에 예비자들의 수효는 더욱 늘어났고 두려움 때문에 아직도 숨어 지내거나 혹은 교회 법규에 어긋나는 혼인 때문에 천주교로부터 멀어졌던 오랜 교우들이 매년 교회의 품 안으로 되돌아왔다. 진정으로 큰 수확의 시기였다. 그리하여 1876년에 불과 만여 명이던 신도의 숫자가 1900년에 이미 2만 4,000여 명이 되었고 1910~1911년도에는 7만 7,000여 명이란 숫자로 마무리되었다.

러일전쟁과 일본 보호령이 된 조선

1894년 청일전쟁에서 일본이 승리하자, 외국 열강과 조약을 체결한 이래로 이미 약화되었던 조선의 중국에 대한 예속은 끝이 났다. 1895년 10월에는 민왕후가 시해되었다. 그녀가 일본 정책에 대항한 것이 원인이었다. 조선 국왕은 아마도 승전국 일본의 영향력에서 벗어나고자 하는 희망으로 1896년 러시아 공사관으로 피신하였고 거기서 여러 달 머물렀다. 같은 해 10월, 그는 자신을 대한(고대 부족인 진한·변한·마한에서 비롯된 조선의 새로운 국호)의 황제로 선언하면서 그의 권력과 왕국의 주권을 튼튼히 할 것으로 믿었다. 하

성체첨례 축일
서울의 성 베네틱토 수도원에서의 성체 행렬.

지만 이 신생 제국은 오래 지속될 수가 없었다. 서로 이웃하고 싸우는 두 강한 제국 사이에 끼인 자그마한 나라 대한제국은 그 어느 한쪽의 먹이가 될 운명이었다. 실상, 1894년의 전쟁으로까지 이르게 된 일본과 중국의 오래된 다툼은, 곧 같은 원인으로 인해 이번에는 러시아와 일본 사이에 벌어지게 되었다. 모두 이번 전쟁의 과정을 지켜보았고 그 결과를 알고 있다.

러시아는 만주에서 전투에 패했음에도 불구하고 어떠한 전쟁 배상금도 치르지 않는 외교적 성공을 포츠머스에서 거두었고, 그러한 패전의 결과를 감당해야 했던 것은 불행한 조선이었다. 하기야 그 전쟁의 목적은 조선이 아니었던가? 그리하여 조선은 주권을 빼앗겼다. 불가피한 일이었다. 만일 러시아가 승리하였다면 조선은 그들의 지배하에 들어갔을 것이고 러시아도 그런 사실을 숨기려 한 적이 없었다. 그리하여 1905년 11월 18일 조선에 일본 보호령이 선포되었다. 이어서 1907년 피보호국인 대한제국의 황제가 일본의 지시를 순순히 따르지 않자 일본은 그에게 양위를 강제하였다. 그의 아들이 왕위를 이어받았으나 오래가지는 못했다. 실상 1910년 대한제국은 아무런 조건 없이 일본에 병합되었고 궁궐 한 구석으로 내몰린 황제는 그의 일가와 더불어 일본 천황가의 귀족으로 편입되었으니, 그 자신은 왕으로 봉작되고 친족들은 오등작을 내려 받았다.

그런데 전쟁과 혼란의 저 시기에 가톨릭교회는 어떻게 되었는가? 하느님의 도움으로 천주교인들이 같은 동포인 이교도들보다 더 고통받는 일은 없었고 선교사들도 비교적 평온한 가운데 신변에 위협을 느끼는 일 없이 그들의 일을 계속할 수 있었다. 포츠머스 조약으로 확고히 인정된 일본의 조선 진출은 반도의 정치 상황에 근본적인 변화를 가져왔다. 그것은 수년간 몇몇 지방에서 꽤

서울의 경관
사진 중앙에 대성당이 보인다.

심각한 폭동을 야기하였고 도처에서 상당한 불만을 낳지 않을 수 없었다. 사람들은, 각자의 성향이나 희망에 따라, 자기 스스로 나라를 이끌어가야만 하는 사명이 있다고 믿었다. 각종 단체가 사방에서 우후죽순으로 생겨났다. 한편에는 수구파나 의병이란 이름으로 옛것을 지키려는 자들이 있었고, 그리하여 수년간 일본인들과의 노골적인 투쟁을 벌였다. 다른 편에는, 그와 반대로, 개혁론·불교유신론·교육구국운동·천도교 등의 이름 아래, 행정이나 교육제도에서 나라를 근본적인 개혁으로 이끌기 위해, 혹은 스스로를 나

라를 구할 수 있는 유일한 민족적 종교로 자신을 내세우기 위해
싸우는 단체들이 있었다.

또한 이 시기에 무한정의 재원을 지니고 성공을 위해선 가능한
모든 수단을 다 동원하는 개신교의 악착스러운 선교 활동이 있었
다는 것을 지적하지 않을 수 없다. 때로 영국이나 미국의 목사들
은 자기네 나라와 일본과의 우호 관계를 내세우고, 그럼으로써 그
들의 추종자들에게 일본 보호령의 호의를 입을 수도 있다는 기대
를 하게 하였다. 때로는, 반대로, 그들은 전쟁 전부터 이미 사용한,
그리고 앞으로도 오랫동안 사용하게 될 상투적 주장을 되풀이하
였다. "일본인이 되길 바라지 않는다면 개신교를 믿어라. 미국이
그대 뒤를 지켜줄 것이다." 때로 그들은, 특히 우리 교우들 앞에서
는 가톨릭교회에 대한 전혀 근거 없는 비난을 서슴지 않았다. 그
들은, 미국에는 천주교란 것이 없고 오로지 개신교만 있으며, 게다
가 천주교는 이미 그 시간이 다했고 이제는 아무런 가치가 없다고
까지 주장하지 않았던가?

강원도의 용소막 성당(서울 대목구)

서울 베네딕토회 수도원 설립(1909)

이제 바바리아의 성 오틸리엔 베네딕토회 수사들이 서울에 성 베네딕토 수도원을 설립한 것에 관해 언급할 시점이다. 왜냐하면 바로 이 시기에 그들이 조선에 들어왔기 때문인데 다만, 조선 백성을 구원하기 위해 일하는 각 선교 단체의 업적을 따로 모아서 기술하고자 하니, 독자에게 제4부 제3장(원산 대목구)을 읽어보도록 권한다.

제4부

✝

조선 교회의 조직화와
교구 분할

LE CATHOLICISME EN CORÉE – SON ORIGINE et SES PROGRÈS

제 1 장
서울 대목구
(파리 외방전교회)

뮈텔 몬시뇰의 초대 서울 대목구장 취임과

드망즈 몬시뇰의 성성

1911년 조선의 천주교인 숫자는 7만 7,000명에 달하였으니, 즉 20년 사이에 6만 명이 늘어난 셈이다. 교황청은 이 교구를 두 개의 대목구로 분할할 것을 결정하였다. 면적 5만 3,700제곱킬로미터에 2만 6,004명의 교우를 포함하여 전체 인구가 700만 명이 넘고 조선 교구의 약 3분의 1에 달하는 지역, 즉 남부 4도(경상남북도·전라남북도)를 포괄하는 지역은 대구 대목구가 되었다. 예전 교구의 나머지로 함경남북도, 평안남북도, 황해도, 경기도, 충청남북도 등의 9도[18]를 포괄하는 지역, 즉 면적 11만 4,700제곱킬로미터에 5만

1,996명의 천주교도를 포함하여 약 800만 명의 인구를 가진 지역은 서울 대목구가 되었다. 그때까지 조선 대목구의 교구장이었던 뮈텔 주교가 초대 서울 대목으로 임명되었다. 초대 대구 대목에는, 1906년 주간신문[경향신문]을―이 신문은 조선이 일본에 병합된 1910년에 폐간되었으나 이후 순수 종교잡지[경향잡지]로 다시 태어나 현재 6,000명에 가까운 정기구독자를 보유하고 있다―창간하였던 드망즈(Demange) 신부가 신임 아드라스 명의주교 자격으로 그 자리에 선임되었다. 그는 1911년 6월 11일 서울에서, 슐레(Choulet) 몬시뇰과 라루이에(Lalouyer) 몬시뇰이 참관한 가운데, 뮈텔 주교에 의해 성성되었다.

서울 교구의 신학교 확장

같은 해인 1911년, 수용 인원이 40명에 불과했던 서울 교구의 신학교[용산 예수성심 신학교] 건물이 일차로 확장되었고 1914년에는 그 학생 수가 100명에 달하게 되어―이 숫자는 이후 계속 유지되었다―다시 건물을 증축하였다. 하느님의 뜻에 따른 이러한 확장이 장차 좋은 결실을 보게 되었으니 곧 서품이 줄지어 있게 되었고 더 많은 일꾼을 제공할 수 있게 되었다.

천주교인들의 이주

조선인들은 떠돌이 성향이 강하다. 그들한테 집이란 그저 일시적인 숙소에 불과하여 어떤 구실만 생기면 쉽게 집을 버리고 타처로 새 삶을 찾아 떠난다. 특히 1904년 이후로 하와이·멕시코·시베리아·일본 등지로 많은 천주교인이 떠났으니 그들은 필경 신앙심을 견지하지 못했을 것이다. 작고한 브레 신부가 최초로 전교를 하였던 지역으로 우리가 이미 언급한 바 있는 간도 지역 역시 수년 전부터 많은 조선인을 끌어들였다. 1910년 조선이 일본에 병합되자 그러한 이주가 더 늘어났고 많은 수의 우리 교우들은 간도에 조선말을 할 줄 아는 선교사가 있다는 것을 확신하는 만큼 더욱 쉽사리 그곳으로 이끌려 갔다. 그리하여 1920년 간도 지방의 천주교인은 8,000명에 달하게 되었던바, 서울에서는 간도 지역을 관할하는 북만(北滿) 대목과 합의하에 세 명의 선교사를 그곳에 파견하여 교우들을 돌보게 하였다.

보통학교

러일전쟁 이후 일본의 영향 아래 반도 전역에 걸쳐 교육 열풍이 크게 일었고, 이는 시간이 지날수록 더욱 거세지기만 하였다. 서울 교구의 선교사들은 교우 아동을 지도할 가톨릭 교사들을 절실히 필요로 하였으나 그런 교사들을 찾는 것은 쉽지 않았다. 게다가 많은 노력을 했음에도 현재까지 충분한 수의 남학교를 세울 수도 없었다. 여학교의 경우에는 샤르트르 성 바오로 수녀회 덕분으로 여러 명의 수녀 교사를 양성할 수 있었기에 좀 더 나은 결과를 얻을 수 있었다. 1923년 10개소의 여학교가 저 헌신적인 여교사들에 의해 운영되고 있다. 그 가운데 제물포에 있는 학교[박문학교]가 총독부로부터 많은 관심을 받게 되었고, 그리하여 그 설립자요 교장인 드뇌(Deneux) 신부에게 표창이 수여되기까지 하였다.

더욱 충실한 신앙 생활

1912년[19]에 베풀어진 성년대사(聖年大赦)가 조선에서 좋은 결실을 보았다. 모든 사목구에서 고해와 재영성체의 숫자가 증가하였고 앞으로도 더 늘어날 전망이다. 선교사들과 조선인 사제들이 상주하는 본당들은 계속하여 늘어갔고 크고 작은 성당들이 전국적으로 지어졌다. 1890년 조선에는 단 한 곳의 성당도 없었는데, 1923년에는 서울 대목구에만도 20여 곳의 서양식 성당과 23개소의 공개 경당(經堂) 및 114개소의 강당(講堂)이 생겨났다. 성당들 가운데 서울이나 제물포는 물론 지방의 어떤 것들은 나름의 특색을 갖고 있어 유럽 작은 마을들의 성당들과 견주어도 손색이 없다. 용소막 성당(시잘레Chizallet 신부), 의주 성당(조선인 사제 서병익 바오로), 원주 성당(조제Jaugey 신부), 공세리 성당(드비즈Devise 신부), 금사리 성당(J. 공베르Gombert 신부) 등이 그러하다. 다른 선교사들은 부이수(Bouyssou) 신부의 포내 성당, A. 공베르(Gombert) 신부의 안성 성당, 부이용(Bouillon) 신부의 장호원 성당, 폴리(Polly) 신부의 가재[상홍리] 성당 등과 같이 그들의 성당을 한옥식으로 지었다.

사제들은, 그들의 본당이 점차 안정되어가는 상황에서, 재영성체와 어린이들의 첫영성체에 관한 교황의 명을 충실히 따르는 한편, 고해 듣는 시간을 차츰 늘려갔고, 그러한 도움으로 신도들의 신앙심은 눈에 띄는 발전을 보이게 되었다. 간단한 수치 비교로 최근 수년간 이루어진 발전을 확인할 수 있으리라.

1904년의 천주교인 숫자를 따진다면 조선 교구에는 당시 5만 9,593명의 천주교인이 있었는데, 1921년에는 서울 대목구의 교인 숫자만도 거의 같은 5만 9,761명에 달한다. 다른 한편 1904년에는 9만 9,946건의 재영성체가 있었는데, 1921년에는 그것이 31만 6,583건에 이른다. 따라서 영성체는 세 배 이상 증가하였고, 평균을 잡자면, 재영성체를 행할 나이에 이른 성년교우 1인당 1년에 열한 번 한 셈이다. 이와 관련하여 몇몇 교우촌은 특히 주목할 만하다. 본보기가 되는 한 곳만 언급하자면 부이용 신부가 주재하고 1,000명의 교우가 살고 있는 장호원이 그러하다. 이 교우촌 한 곳에서만 1923년에 3만 6,000건이 넘는 영성체가 있었다.

조선의 일본인 교우들

조선이 외국인들에게 문호를 개방한 이후 반도에 들어와 정착한 이들은 주로 일본인들이었다. 일본이 조선에서 더 큰 영향력을 행사함에 따라 그들의 숫자는 서서히 증가하였다. 곧 이들 가운데 대부분 나가사키 출신인 수백 명의 천주교인을 헤아리게 된다. 1910년에서 1911년에 걸친 최초의 인구조사에 따르면, 653명의 일본인 교우들이 조선 전역에 산재해 있는 것으로 나타났다. 조선의 선교사들과 말이 통하지 않던 이 교우들을 돌보기 위해서 나가사키 교구는 클라인페터(Kleinpeter) 신부를 조선 교구에 파견하였다. 그는 신도들의 도움을 받아 서울 대성당에서 멀지 않은 곳에 사제관과 회관을 지었고 거기서부터 전국을 돌아다니며 성무를 집행하였다. 1920년부터는 프와요(Poyaud) 신부가 서울의 일본인에 한하여 사목을 담당하였다. 지방에 흩어져 사는 일본인들도 이제는 예전과 달리 그들의 언어를 알아듣는 조선인 사제들이나 심지어 선교사들을 만날 수 있다. 조선에 들어온 일본의 외교인들은 남의 눈치나 혹은 가족관계 때문에 그들이 진리에 다가가는 것이 쉽지 않았던 일본에 머물던 때에 비하여 훨씬 쉽게 천주교를 믿을 수 있게 되었다. 그러므로 충분한 재원을 마련하여 유능한 일본인 회장 하나를 고용함으로써 이들에게 도움을 베풀어주는 일이 시급하다 하겠다.

방인 사제들을 위한 라틴어 잡지

1912년 서울 교구의 신학교에서 조선 두 대목구의 방인 사제들을 위한 라틴어 월간지가 태어났다. 그것은 새 소식 이외에 강론, 논쟁, 의식문제 등 한마디로 조선인 사제들의 흥미를 끌 만한 모든 것을 담고 있었다. 초기 수년간은 등사기로 인쇄하는 정도였으나 그마저 전쟁으로 중단되었다. 그 후 잡지는 신학교 교장으로 25년간 재직 중인 기낭(Guinand) 신부에 의해 더욱 보완된 모습으로 속간되었고 현재는 극동의 다른 교구들에까지 널리 배포하기 위하여 홍콩으로 옮겨져 발행되고 있다.

서울의 조선인 교우들

1914~1918년 전쟁, 개신교의 성장

　1914년 8월에 들어서면서 서울 교구에 시련의 세월이 시작되었다. 3분의 1이 넘는(30명 가운데 13명) 선교사들이 소집되어 프랑스로 돌아갔다. 그들이 떠난 자리가 너무나 크게 느껴졌다. 그렇다고 공소 관리를 늦출 수는 없었으니, 평시와 마찬가지로 1년에 두 차례의 방문이 이루어졌다. 또한 신학교가 곧 새로운 방인 협력자들을 배출하였다. 1917년과 1918년 사이에 여섯 명의 조선인이 사제 서품을 받게 되었고, 그리하여 떠난 자들의 빈자리를 일부 메꿔주었다. 불행하게도 교구 부주교요, 박해 시절의 원로이며, 40년간 크나큰 열정으로써 신앙홍포에 힘을 기울였던 두세 신부가 1917년 타계하였다. 종현 대성당의 주임사제인 프와넬 신부가 그 뒤를 이어 부주교가 되었다.

　전쟁 기간에 줄어든 것은 단지 선교 인원만은 아니었다. 성영회(聖嬰會)와 신앙홍포회(信仰弘布會)의 재정 감소도 문제였으니, 다행히 신의 도움으로 미국의 천주교인들이 헌금을 모아 보내주었기에 버텨나갈 수 있었다. 그 시기의 사목 활동은 또한 정부 당국에 의해 무척 장려된 신도와 불교의 전파로 많은 방해를 받았다. 개신교의 성장 역시 그 기세가 전혀 수그러들지 않았다. 우리의 역량은 그토록 줄어든 반면에 개신교의 여러 교파는 인원에서건 재력에서건 점점 더 우리보다 우위에 서게 되었다. 1919년이 되자 소집되었던 선교사들이 마침내 되돌아왔다. 그러나 전장에서 쓰러진 세 명의 신부—망(Meng) 신부, 기요(Guillot) 신부, 불로(Boulo) 신부—가 호명에 응답이 없었고, 또 한 명 보댕(Bodin) 신부는 서울에 돌아오긴 하였으나 독가스 중독의 후유증으로 늘 고통받았다. 그는 곧 서울을 떠나게 되었고 기후가 좀 더 온화한 지역에서 일하게 되었다. 그는 현재 페낭 신학교에 있다.

병합 이후의 조선 천주교회와 일본

우리가 위에서 말했듯이 조선은 1910년 일본에 병합되었다. 이 새로운 정치 상황으로 가톨릭교회가 물질적인 고통을 겪진 않았으며 그 이후로 더 큰 안전을 누리게 되었다는 사실에는 이론의 여지가 없다. 하지만 또한 그 이후로 외교인들의 입교가 줄어들었다는 점도 인정하지 않을 수 없다. 1919년 3월 한때 반도 전역을 뒤흔든, 조선 독립을 외치는 저항 운동의 결과로 몇몇 천주교인이 부당하게 핍박당하였는데, 하지만 그것은 대개 경찰이 이들을 운동에 가담한 개신교 신도들과 혼동해서 일어난 일이었다. 게다가 일본 정부는 그러한 정황에서 우리 교우들이 보여준 충성심을 확인하고는 가톨릭교회의 공로를 인정하는 것을 잊지 않았다. 1920년 조선 총독부는 서울 가톨릭 교구에 서울의 교회 재산에 한하여 법인격을 인정하는 특혜를 부여하였고 이 조치는 1921년 조선의 다른 교구들에까지 확대되었다.

간도에서의 약탈과 소요, 최문식 베드로 신부의 피랍

누구나 인정하듯 중국이 매력적인 나라인 것은 사실이지만, 그곳에 들끓는 마적떼는 아직도 큰 문젯거리다. 간도의 조선인 사제

최문식 신부가 그 희생자였다. 1919년 7월 19일 한 떼의 중국 마적들이 느닷없이 조양하 마을에 쳐들어와서 집들과 성당을 모두 약탈한 뒤에 사제를 인질로 끌고 갔다. 그가 당한 고통과 시련을 여기에 다 늘어놓을 수는 없을 것이다. 밤낮으로 마적들에게 끌려다니던 사제는 그들과 정규군 간의 전투를 여러 차례 목격하였고 그의 곁에 사람들이 쓰러져 죽는 것을 봤다. 총알이 그의 모자를 스치기까지 했으나 다행히도 그는 무사하였다. 만주의 혹독한 겨울, 그는 반년 동안 단 한 번도 따듯한 방 안에서 자본 적이 없었고 마적들은 그가 도망치지 못하게 짐승을 다루듯 그의 귀에 구멍을 뚫어 묶어두었다. 프랑스와 일본 정부가 그의 석방을 위해 오랫동안 노력했으나 허사였다. 그러던 차에 조선 교우들이 나서서 좋은 결과를 얻어냈다. 그들은 신부의 몸값을 마련하고자 돈을 갹출하였고, 그 액수가 꽤 되어 보였던지 마적들은 최문식 신부를 풀어주고 조양하 본당으로 돌아가는 것을 허락하였다. 1920년 2월의 일이었다. 그는 600리나 되는 길을 걸어서 마침내 교우들에게로 무사히 돌아올 수 있었다.

이 지역에 빈번히 발생했던 이런 마적떼의 약탈 말고도 조선 독립운동가들의 책동으로 인해 큰 소란이 벌어지곤 하였다. 이른바

대한민국 임시정부를 위한 원조금을 거둔다는 명목으로 그들은 간도 전역에서 정기적으로 돈을 징수해갔다. 하지만 1920년 가을 일본군의 개입으로 상황이 돌변하였다. 일본군이 마구잡이로 벌인 진압에 불행하게도 무고한 자들이 희생당하는 경우도 간혹 있었다. 선교사들로부터 독립운동을 멀리하라는 충고를 받았던 우리 교우들은 그 말이 얼마나 옳았는지 깨닫게 되었다.

평복 차림의 조선인 관원

뮈텔 몬시뇰의 주교 성성 30주년(1920)

전쟁이 발발했을 때 서울 교구는 그 대목의 주교 성성 25주년 기념식을 1915년에 성대히 거행할 준비를 하고 있었다. 하지만 전쟁으로 인한 여러 사건으로 그 모든 계획이 중단되었고, 1920년 9월 21일에야 선교사들과 조선인 사제들은 교우들과 더불어 주교의 성성 30주년을 축하할 수 있었다.

70명 이상의 사제가 모였다. 그중에는 30명의 조선인 사제가 있었는데, 모두 주교 자신의 손으로 서품을 주었던 자들이었다. 1921년 교황은, 당시 일본 주재 교황대사였고 1920년 가을 조선 교구를 방문한 바 있는 P. 푸마소니 비온디(Fumasoni-Biondi) 몬시뇰의 청에 따라, 뮈텔 대목에게 '[교황] 탑전(榻前)시종 겸 로마 백작'의 작위를 수여하였다.

원산 대목구의 신설(1920),
서울에서 두 명의 주교가 성성되다(1921)

고령에 접어든 뮈텔 주교는 광대한 대목구 관리가 그에게 지우는 무거운 짐을 다소 덜어보고자 바라고 있었다. 그러던 차에, 1920년 드브레 신부가 보좌주교로 선임되고, 서울 교구 북동 지역에 원산 대목구가 신설됨으로써, 주교는 자신의 소망이 이루어지는 것을 보게 되었다. 교황청은 이 신설 교구의 지휘를 베네딕토 수도회 산하 성 오틸리엔 분도회(바바리아) 대수도원장인 보니파시우스 사우어(Boniface Sauer) 신부에게 맡겼다. 서울 교구의 보좌주교 성성 날짜는 1921년 5월 1일로 정해졌다. 그리고 필요한 모든 제구(祭具)들이 제때에 도착하여, 사우어 신부 역시 같은 날 성성되는 것을 가능케 하였다.

어느 선교사가 기록하였듯이, "박해의 겨울은 지나갔다. 비탄의 빗물은 흘러가버렸다. 풍성한 가지를 뻗으며, 향기를 발산하며, 순교자들의 꽃이 우리 조선 땅에 만발하였다." 이렇게 서울 교구의 1921년 성모성월(聖母聖月)이 시작되었다. 대구의 드망즈 주교와 오사카의 카스타니에(Castanier) 주교가 곁에서 거드는 가운데 뮈텔 주교가 축성식을 주재하였다. 슐레 주교(중국)와 콩바(Combaz) 주교(일본)가 그들의 참석으로 예식을 빛내주었다. 이 이중의 축성식에는 일본 정부와 각국 영사단도 참석하였고, 예식에 뒤이은 연회에서 조선총독이며 해군대장인 사이토(齋藤實) 남작은 가톨릭 선교사들의 겸손함과 용기를 찬양하는 매우 의미심장하고 흥미로운 연설을 하였다.

1922년 서울 교구 시노드와 성직자들을 위한
새로운 지도서 공포

오래전 블랑 몬시뇰이 공포했던 지도서가 불충분하고 낡은 것이 되었기에 1921년 새로운 지도서가 마련되었다. 지도서의 초안은 모든 선교사와 조선인 사제들이 시간을 갖고 그것을 살펴보고 의견을 제출할 수 있도록 6개월 전에 그들에게 배포되었다. 최종안이 여름 몇 달 동안 확정되었고 뮈텔 주교는 1922년 9월 21일 새로운 지도서를 공포하였다. 그해 피정(避靜) 기간에 교구회의로부터 각각 4인의 유럽인과 조선인 재판관들이 선임되어 서울교구재판소를 설치하였다.

조선의 승려

가톨릭 청년회

약 15년 전부터 몇몇 사목구에서는 선교사들의 지도로 가톨릭 청년회가 형성되어 있었다. 1922년 청년회에 관련한 교황 비오 11세(Pie XI)의 회칙이 내려져, 새로운 청년회들이 형성됨과 동시에 모두 하나의 연합회로 묶이게 되었다. 현재 이 연합회 산하에는 19개 분회가 모여 있고, 정회원 1,018명, 준회원 269명, 예비회원 75명이 등록되어 있다. 숫자만 보면 좋은 성과라 판단할 수도 있겠으나, 아직은 진정으로 조직적인 활동을 벌이지 못하고 있는 이 단체의 현재 가치를 너무 높게 평가해서는 안 된다.

학생 기숙사와 상업학교 건립 노력

1922년 크렘프(Krempff) 신부는 조선 교회가 발행하는 종교잡지[경향잡지]에 학생들을 위한 기숙사를 짓자는 제안을 내놓았다. 조선 천주교인들은 가난한 형편에도 불구하고 6,000엔 이상을 기부하겠다고 알려왔고, 그것으로 50여 명의 학생이 묵을 수 있는 임시 숙사를 짓는 것이 가능해졌다. 갑종상업학교[남대문상업학교] 역시 설립되었다. 하지만 그 유지비용이 너무나 컸기에 교회로서는 아직 그러한 사업을 감당할 수가 없었다. 어느 조선 천주교인들의 모임이 교회의 후원 아래 얼마간의 자금을 마련할 수 있었고, 그것으로 이 학교가 간신히 유지는 되고 있다. 하지만 학교를 활성화하기 위해서는 아직 인력과 재원에 있어 많이 부족한 형편이다.

회장들을 위한 지도서

회장 육성 사업은 큰 중요성을 갖는 것으로 이에 대한 선교사들의 요구가 점점 더 커지고 있다. 하지만 불행하게도 현재의 재원으로는 유급 인원을 유지하는 것이 불가능하다. 그러나 한편으로 무급 회장이 되고자 노력하는 젊은 천주교인들이 있고, 또한 각 공소에는 선교사가 부재할 시에 그를 대신하여 교우들을 이끄는 역할을 하는 회장이 한 명씩 있다. 600명 이상에 달하는 이 소중한 봉사자들을 돕기 위해 르장드르 신부는 교우들을 잘 돌보기 위하여 알고 있어야 할 모든 것의 요약집인 지도서[회장직분]를 저술하였다. 또한 같은 목적에서, 폴리 신부가 1910년에 발의한 것으로 그 후로 어느 정도 규칙적으로 여러 본당에서 시행되던 회장들의 연례적 피정이 전체 사목구의 모든 회장을 대상으로 이루어지게 되었다. 이들은 차후로 매년 선교사 주위로 모여야만 하고, 사나흘 동안 그의 충고를 듣고 영적 수련을 통해 신앙심을 튼튼히 하여야 한다.

서울 교구 인쇄소

우리는 앞에서 서울에 인쇄소가 세워진 과정을 언급한 바 있다. 그 이후로 인쇄소는 조선 교구 전체를 위하여 계속 작업하고 있다. 인쇄소는 보름에 한 번씩 28면의 종교잡지를 6,000부씩 찍어내는 것 이외에도 1933년[20] 한 해 동안 4만 부의 크고 작은 책자들, 다시 말하면 약 150만 면을 인쇄하였다. 홍보전단 사업 또한 자신의 대목구에서 이미 그 사업을 벌이고 있는 드망즈 주교의 뒤를 따라서, 서울에서도 시작되었다.

샤르트르 성 바오로 수녀회

이 헌신적인 수녀들은 서울에 수련원·보육원·탁아소와 서양 아이들을 위한 프랑스어 교실을 운영하고 있다. 제물포에도 역시 보육원과 탁아소가 있다. 서울이나 제물포 또는 다른 지역의 10여 개 학교에서 이 수녀회의 방인 수녀들이 여교사로 일하고 있다. 현재 이 수녀회에는 서울 대목구에 한하여 프랑스인 수녀 11명, 조선인 서원 수녀 40명, 수련자 17명, 청원자 14명, 지원자 9명 등이 있다. 서울과 제물포의 보육원들은 설립 이후 5,000명 이상의 아이를 양육하였다. 서울과 제물포의 진료소 두 곳은 그 빈약한 재원에도 불구하고 조금이라도 도움이 되고자 노력하고 있다.

조선 순교자들의 시복 소송

조선과 관련하여 현재 로마 교황청에서는 두 건의 순교자 시복 소송이 진행 중이다. 1839년과 1846년의 순교자들에 대한 소송, 즉 가경자 앵베르, 모방, 샤스탕, 김대건 신부를 포함한 82인의 순교자에 관한 소송은 지난 3월 18일(1924) 로마에서 총회가 열린 것으로 봐서 거의 종결되었다고 하겠다. 1866년의 소송에는 26인

조선의 조랑말

의 순교자, 즉 베르뇌 주교, 다블뤼 주교, 브르트니에르·도리·푸르티에·프티니콜라·오메트르·위앵 신부 등과 17인의 조선인이 포함된다. 이 시복 소송에 대한 교구 재판이 서울에서 끝나가는 중이다. 뮈텔 주교는 1921년에서 1922년 사이에 조선의 고문헌들(『비변사등록』과 『일성록』) 속에서 두 가지 소송을 위해 무척 흥미로운 자료를 찾아내어 기쁘기 한이 없었다. 이 자료들에는 순교한 신앙고백자들에 대한 판결이나 혹은 그들을 체포하고 사형을 내리게 된 이유가 기록되어 있다.

서울 대목구의 북서 지역이
미국 메리놀 외방전교회에 위임되다

그 광활한 대목구를 1911년에 첫 번째로 나누고(서울과 대구 2개 대목구의 신설), 1920년에 두 번째로 나눈 뒤에(베네딕토회에 양도된 원산 대목구의 신설), 1922년 뮈텔 주교는 또 다른 기쁨을 누리게 되었으니, 포교성성이 서울 대목구 북서 지역의 관리를 미국 메리놀 외방전교회에 위임한 것이다. 나중에 다시 언급하겠지만(4장 평안도 지역), 메리놀 외방전교회가 그 지역을 맡게 된 것은, 특히 그곳에서 더욱 활발한 개신교의 부단한 포교 활동에 맞서야 하는 필요성이 더욱 커진 상황에서, 좋은 결과만을 가져오게 될 것이다.

1924년 초 서울 대목구의 인원

보좌주교 1명, 부주교 1명, 프랑스인 선교사 23명(파리 외방전교회), 메리놀 외방전교회 소속 미국인 선교사 3명과 수사 1명, 조선인 사제 30명, 유급 회장 18명, 무급 회장(공소회장) 614명, 여회장 112명, 남교사 143명과 여교사 64명, 대신학생 26명 소신학생 61명 예비과정 학생 25명 도합 112명, 샤르트르 성 바오로 수녀회 소속 프랑스인 수녀 11명(서울과 제물포 수녀원), 방인 수녀 80명(서원 수녀, 수련자 등). 우리는 나중에 서울의 베네딕토회 수사들의 수도원에 관해 언급하겠다(3장 원산 대목구 참조).

제 2 장
대구 대목구
(파리 외방전교회)

대구 대목구가 독립 교구로 존재한 지난 12년 동안(1911~1923), 교구 내부에만 국한된 특기할 만한 사건은 발생하지 않았다. 네 명의 소집된 선교사 가운데 모리스 카넬(Maurice Canelle) 신부가 1918년에 사망하였다. 새로운 교구는 복음전파 사업을 계속해나 가는 동시에 독립 교구라면 마땅히 갖춰야만 하는, 그리하여 교구 분리를 정당화시켜주는 제반 사업을 벌여나가야 했다.

조직 활동

시설 부분에서는 할 일이 태산이었으나 대구 교구가 신설된 뒤

3년 만에 닥친, 그리고 지금도 진행 중인 세계 공황으로 일은 더욱 힘겨웠다. 그런데도 성모님의 각별한 보호에 힘입어 1913년 주교관, 1914년 신학교[성 유스티노 신학교], 1915년 수녀원[성 바오로 수녀원], 1916년 가톨릭 청년회 회관 등을 세울 수 있었으니 루르드의 성모발현 동굴에는 아직도 그에 대한 감사의 봉헌이 남아 있다.

A. 로베르 신부에 의해 예전에 세워진 성당은 주교좌성당이 되었다. 성당에는 많은 증축이 이루어졌고 전체적인 균형을 갖추기 위해 1918년 종루를 더 높게 하였다. 신학교는 장기적인 안목에 따라 구상되었다. 일차적으로 70명의 학생을 수용할 수 있는 건물과 부속 성당을 지으면서 드망즈 주교는 신학교의 최종적인 완성을 그 후임자들의 몫으로 남겨두고자 하였다. 성직자의 길을 가려는 지원자들은 예상한 것 이상으로 늘어만 갔으니 또다시 증축이 필요하였고 1919년에야 신학교의 최종적인 모습이 드러났다. 또한 신학생들의 건강이 때때로 문제가 되었기에 그들이 정기적으로 충분한 휴식을 취할 수 있도록 1923년 신학기의 시작과 함께 꽤 넓은 별장이 완공되었고 그것이 마지막으로 지어진 건물이다.

교구 신설에 뒤이은 첫 번째 피정은 하나의 준(準)시노드였다.

교구 지도서 초안이 대목과 성직자회의에 의해 작성되었다. 선교사들을 위해선 프랑스어로, 그리고 방인 사제들을 위해선 라틴어로 등사된 이 초안은 각자의 의견과 요구사항을 사이에 삽입된 백지에 기입하여 제출할 수 있도록 몇 달 앞서 사제들에게 배포되었다. 그 의견들은 아홉 차례의 회의를 거치며 검토되었고, 그리하여 완성된 최종 확정안이 1912년 성신강림대축일에 공포되어 그날 이후로 효력을 발하는 대구 교구 지도서가 되었다.

새 지도서에 따라 달라진 것들이 그해에 곧바로 시행에 들어갔다. 바뀐 것들 가운데 하나로 회장들의 연례적 피정을 들 수 있는데, 이것은 사목 활동이 그치는 기간 동안 400명에 달하는 회장을 선교사 주위로 모이게 하여 그들의 활동에 있어서의 단결과 열의와 인내를 더욱더 강화시키는 데 그 목적이 있다. 이 피정의 주된 과제는, 역시 1912년에 발표된 것으로, 지도서에서 회장들이 지켜야 할 사항들을 발췌한 내용인 '회장 수칙'을 설명하는 데 있다. 이러한 피정은 눈에 띄는 성과들, 특히 거의 두 배로 늘어난 임종대세의 숫자가 그 유용성을 잘 입증하고 있으며, 선교사들과 회장들이 매년 모임을 계속 갖고 있다는 것은 크게 칭찬할 만한 일이다.

복음전파 활동

새로운 선교에는 두 가지 경우가 있다. 하나는 이전에 복음이 전파되지 않은 지역에서 선교가 이루어지는 경우고, 다른 하나는 이미 이루어진 복음화를 새로운 교구의 형태로 지속해나가는 경우다. 대구 교구가 새로운 선교인 것은 오로지 두 번째 의미에서다. 비록 아직 선교사의 발길이 닿지 않은 외진 곳이 대구 교구 내에 다수 있다 할지라도 그 대부분 지역은 조선에 그리스도교가 들어온 초기부터 복음이 전파되었다. 로마 교황청에서 진행 중인 순교자 시복 소송에서도 대구 교구는 빠지지 않았다. 비록 서울과의 거리가 너무 멀어 그 순교자들에 대한 조사가 제대로 이루어질 수 없었고, 그리하여 대구 교구가 예수 그리스도께 바친 증인들 가운데 많은 수가 그들이 하느님 곁에서 갖고 있는 칭호를 땅 위에서 얻지는 못하였을지라도…….

1911년 대구에는 2만 6,004명의 교우가 있었다. 그중에 1,000명 가량은 원래 서울 교구에 속하였기에 그리로 돌아가야만 하였다. 1922년 당시 1,115명을 헤아리던 그 신자들을 돌려보내고 난 뒤, 대구 교구에는 1923년 통계에 의하면 3만 1,457명의 신도가 남게 되었고 그중에 755명은 냉담자로 등록되어 있다. 따라서 이는

6,500명이 늘어났음을 보여준다. 사실 영세를 받은 성인들의 숫자는 사망률을 앞서는 출생률을 고려할 때 더 늘었어야만 할 것이다. 그 차이는 해외이주나 혹은 변절에 기인한다.

우리는 사실 종교 실천을 완전히 그만둔 자들을 변절자로 취급하여 교우들 숫자에 더 이상 포함시키지 않는다. 그런 자들은 사실 그리 많지도 않다. 조선이 일본에 병합되기 이전에, 신문교우들은 외국인 선교사를 따르는 것으로 관원들의 괴롭힘에서 벗어날 수 있으리라는 기대를 하였고, 그리하여 어떤 입교는 그러한 타산이 있었기에 탄탄하지 못했다. 대구 교구가 신설되기 1년 전, 일본인들이 들어오면서 조선인들은 입교로 이로울 것이 전혀 없게 되었고, 이방인의 성당에 드나든다는 것 자체가 여러 가지로 불편하게 느껴지기까지 하였다. 그래서 새 영세자들이 변절하는 경우는 별로 많지 않은 것이다.[21]

새로운 교구는 파리 외방전교회의 회칙에서 포교안으로 규정된 세 가지 목적, 즉 1)방인 성직자 양성, 2)신도들에 대한 교육, 3)외교인들의 개종 등을 그대로 따르면서 조선에서의 전교 활동을 지속해나가려 노력하였다.

1. 방인 성직자 양성 사업

1911년 새 대목구의 성직자들 가운데에는 여러 해 전 서품을 받은 그 지방 출신의 방인 사제 네 명이 있었다. 당시 서울 신학교 의 대신학과에는 남부 지방 출신의 신학생이 단 한 명도 없었다. 라틴어 과정에 있는 학생 여섯 명의 앞날에 모든 희망을 걸고 있 었는데, 개중 가장 빠른 자가 다음 학기에 철학 과정을 시작하게 되고 나머지 다섯 명은 그때 겨우 라틴어 과정 3년 차에 있었다.[22] 새 교구는 이러한 초기 신학생의 부족으로 인해 오랫동안 어려움 을 겪었다. 교구 신설 첫해의 가을 학기부터 15명의 학생이 서울 신학교에서 라틴어 과정을 시작하였는데, 이들은 대구에 신학교가 생기기 전까지 서울에서 학업을 계속하게 되었다.

여러 교구의 신학교들을 하나로 통합하는 문제에 관해선 찬반 양론으로 나뉘며 문제가 제기되는 나라의 상황에 따라서 그 어느 쪽의 주장도 옳을 수 있을 것이다. 조선의 상황은 각각의 대목구 에 신학교를 세우는 것이 훨씬 유리하다. 조선 교구가 분리되어 얻 게 된 가장 큰 이점이 있다면 그것은 사제의 길을 택한 방인들의 숫자가 늘어났다는 점일 것이다. 서울에서 멀리 떨어진 만큼 그 부분에서 뒤처져 있던 대구 교구는 신학교가 설립된 이후 그러한 사명감이 부족하지 않다는 것을 입증하게 되었다.

1923년 9월 새 학기에 성 유스티노 신학교에는 15명의 예비과정 학생들을 포함하여 105명의 신학생이 있다. 1918년 이후로 여덟 명의 사제가 이 신학교에서 배출되었고 1926년부터는 좀 더 많은 수확을 보게 될 것이다. 이 성직자 양성 사업에서 최근 수년간 가장 큰 문제점은 기숙사에서 생활하는 학생들의 건강에 있다. 학생들이 기숙 생활에 잘 적응하지 못하는 듯한데 그 원인이 무엇인지는 알 수 없다. 일본인 검사관들에 따르면 기숙사의 시설은 다른 많은 유사 시설보다 우수하다고 한다. 대구의 신학생 두 명이 1919년 로마로 보내졌으나 한 명은 로마 현지에서, 다른 한 명은 귀국 후 몇 달 뒤에 모두 사망하였다. 둘 다 폐결핵으로 죽었는데, 이들을 보내기 전에 실시한 건강검진에선 아무런 징후도 발견하지 못했었다.

2. 신문교우들에 대한 교육

교우들의 관리에 있어서는 초기 조선 교회의 주교들과 선교사들이 물려준 탁월한 방법을 계속 이어나가기만 하면 되었다. 무척 엄격한 이런 방법들(모든 신자는 나이를 불문하고 자식들이나 손자들과 마찬가지로 매년 선교사 앞에서 교리문답과 기도문을 암송해야 하였다) 덕분에, 그 대다수에 있어 종교적 구원이 아직은 미미한 이 가엾은 사람들이

관복 차림의 조선인 관원

많은 가톨릭 국가가 우리를 부러워할 정도의 독실한 신앙심을 유지할 수 있었다고 해도 크게 틀린 말은 아니다. 교구 지도서는 특히 선교사가 한 해의 대부분을 보내는 처소가 가능한 한 본당과 유사한 모습을 갖출 수 있도록 여러 가지를 규정하였다(주일 미사 절차, 성인과 아동 교리문답, 전례 행사 설명, 성체적 삶의 심화 등). 유아 첫영성체와 재영성체에 관련한 비오 10세(Pie X) 성하의 두 가지 교령이 초기에 큰 도움이 되었다. 천주교인의 숫자가 12년 동안 약 6분의 1 정도만 증가한 반면에, 영성체는 5만 7,000건에서 20만 9,000건으로 늘어났다.

교구가 신설된 초기에는 19군데의 성당이 있었는데 그것이 지금은 73군데로 늘었다. 대부분 자그마한 성당들이지만 그래도 지역 내에서 가장 아름다운 건물을 하느님께 바치고 있으며 축일날 교우들이 각자의 집이 아니라 함께 모여 지내는 것을 가능케 해준다. 선교사들은 오랫동안 거의 홀로, 그리고 최근에는 교우들의 협력 아래 그들의 모든 능력과 노력을 학교 문제에 쏟아부었으나 그 결과는 대개 신통치 않았다. 사립학교에 대한 규제를 점점 더 강화하는 일본의 법령은 머지않은 장래에 우리를, 일본의 우리 동료들이 겪었던 것과 같이, 보통학교를 포기해야만 하는 상황으로 몰고

갈 것이다. 정부가 저들의 공립학교들만으로 의무교육을 온전히 보장할 수는 없을 것이기에 우리의 학교들이 법으로 금지되는 일은 없을 것이다. 그렇다 할지라도 그 사업 하나에만 전부 쏟아부어도 충분치 않을 우리의 재원을 생각한다면 보통학교들의 운영을 유지하는 것이 사실상 불가능하다. 중학교로 말하면, 여러 교원 조합[23]과 벌인 모든 교섭이 전혀 성과가 없었다. 중학교의 운영을 교구 선교사들에게 맡기는 것은 이론적으론 가능하나 극히 제한된 선교사들의 숫자를 보건대 현실적으론 불가능하다. 그렇다고 그것을 오로지 방인들에게만 맡기는 것은 정신 교육에서 큰 문제를 야기할 것이다.

기실 선교사들에게 있어 가장 큰 근심거리는 물질적인 어려움이 아니라 학생들의 정신 상태다. 개신교 학교들뿐만 아니라 공립학교들에서조차 거의 매일같이 벌어지는 시위가 그 경향을 잘 말해주는 그러한 정신이 비록 그 정도까지 과격하진 않으나 우리 학교들에도 폭넓게 스며들고 있고, 그리하여 우리는 저 학교들이 신앙심이 부족한 세대를 양성하는 게 아닌가 하는 의구심을 갖게 된다. 드망즈 주교가 대구에 온 이후로 개인적으로 돌보던 가톨릭 청년회 사업을 그의 본래 계획대로 발전시키지 않은 것도 같은 맥

락에서다. 그는 사실 그 사업을 모든 사목구로 확대하고자 했었다. 많은 사목구 내에는 개별적인 청년회들이 있다. 그 청년회들을 하나로 연합하는 것은 요즘 젊은이들의 이상주의와 변덕이 야기할 수 있는 위험에 그것들을 한꺼번에 노출시키는 것이다. 반면에 연합회를 포기한다면 그러한 위험은 지역적인 것에 그치게 된다.

조선 젊은이들의 앞날이 걱정거리다. 몇 년 혹은 몇 세대가 더 지나야 바다 건너에서 들어온 저러한 사상운동이 수그러들 것인가? 하느님만이 아실 것이다.

3. 외교인들의 개종

학교와 가톨릭 청년회 사업은 신도들을 보존하는 사업임과 동시에 전교의 도구로 쓰이기를 기대했었다. 가톨릭 청년회는 약간의 성과를 얻었고 지금도 얻고 있으나 거기엔 한계가 있다. 주교좌 본당에 소속된 샤르트르 성 바오로 수녀회 학교는 매년 그곳에 다니는 소녀들뿐만 아니라 그 가족들까지 포함하여 많은 영세지망자를 이끌어온다. 그곳이 유일하다. 성 바오로 수녀회의 여타 여학교들이나 혹은 다른 사업들을 더욱 발전시켜 유사한 성과를 얻어낼 수도 있을 것이다. 하지만 그 점에서 대구 교구는 서울로부터 멀리 떨어져 있기에 교구 분리 이전 신학교 사업에서 겪었던 것과 유사한 어려움에 처해 있다.[24] 드망즈 대목은 외교인들한테 복음을 전파하는 가장 확실한 방법이라는 확신하에 여러 차례 전교회장 모집을 공고했으나 지원자는 그리 많지 않았다. 현재 열 명의 전교 회장이 있고 그중에 확실히 자리 잡은 사람은 세 명뿐이다. 이들 전교회장과 400여 명에 달하는 공소회장을 혼동하면 안 되는데, 전혀 보수를 받지 않는 이들 공소회장들은 주로 교우들을 돌보는 일을 맡고 있으며 외교인들에 대한 전교는 거의 하지 않는다. 홍보 전단 사업은 1921년에 시작되었다. 그것은 좋은 성과를 낳았고 앞으로 더 좋은 성과를 낳을 것으로 기대된다.

하지만 어떤 방법이 외교인의 개종에 더 큰 몫을 하는가는 가리기 힘들며, 기왕에 씨가 뿌려진 바에 그것은 굳이 따질 필요도 없는 일이다. 그래도 꼽는다면 과거와 마찬가지로 본당 신부가 돌보는 사목구의 증가와 교우들의 개인적인 전교 활동이 가장 확실한 개종의 두 가지 동인이다. 그리하여 [파리 외방전교회 포교안의] 처음 두 가지 목적에 힘씀으로써, 세 번째 목적에도 힘쓰는 것이 된다. 연간 성인 영세는 가장 적었던 해가 397건이고 가장 많았던 해는 올해로 총 557건이다. 올해 임종대세를 받은 성인은 343명이었고 외교인 자녀 유아세례는 1,471건이다. 개종 사업에 관

조선의 농촌

한 이런 고찰을 마치면서 덧붙여야 할 것은, 방인 사제는 그 선교 정신에 있어서 그의 유럽인 동료에 절대 뒤지지 않는다는 것, 자신을 신도들이나 돌보는 단순한 사제로 여기지 않는다는 사실이다. 서양인 선교사 모집이 별로 장래성 없어 보이는 때에 방인 성직자 양성 사업의 앞날은 다행히도 밝은 듯하다. 희망을 품어도 좋은 이유가 여기에 있다.

1924년 초 대구 대목구의 인원

주교 1명, 프랑스인 선교사 15명, 방인 사제 12명, 방인 수녀 9명을 포함하여 수녀 12명, 전교회장 10명, 공소회장 400명 등이다.

제 3 장
원산 대목구
(바바리아-성 오틸리엔 베네딕토회)

성 오틸리엔 베네딕토회의 조선 진출(1909년 2월)

1908년 그의 대목구에 유능한 교사들을 필요로 했던 뮈텔 주교는 조선에서 교육 사업을 기꺼이 맡아줄 단체를 찾기 위해 유럽으로 향하였다. 수차례의 교섭에도 불구하고 프랑스에선 그 일에 헌신할 단체를 발견하지 못한 주교는 바바리아의 성 오틸리엔 베네딕토회의 관심을 끄는 데 성공하였다. 곧 여러 명의 수사가 조선에 도착하여 수도원을 세웠고, 1913년 그것이 대수도원으로 승격되자 수도원장이었던 사우어 신부가 대수도원의 초대 아빠스로 임명되었다. 베네딕토회 수사들이 조선에서 벌이게 될 사업은 처음엔 많은 기대를 하게 하였다. 그들이 하려던 일은 지방의 작은 학교들을 위한 교우 교사를 양성하는 것이었다. 이를 위해 그들은 사범학교[숭신학교]를 세웠다. 이 주된 사업 이외에 수사들은 훗날 직업학교[숭공학교]의 모태가 되는 목공·도색·철공·원예 등을 가르치는 작업장을 열었다. 당시 거기에는 벌써 60명의 훈련생이 있었다. 하지만 곧 일본 법령의 규제로 인하여 사범학교의 수업이 중단될 수밖에 없었다. 오로지 직업학교만이 아직 순조롭게 운영되고 있던 차에 1914년 전쟁이 터지자 그것마저 중단되었다.

원산 대목구의 설립

성 베네딕토의 자랑스러운 아들들을 조선에 불러들인 신의 섭리는 그들을 위해 또 하나의 사업을 마련하고 있었다. 전쟁이 끝나고 그때까지 서울에만 머물고 있던 베네딕토회는 뮈텔 주교에게 서울 대목구의 일부를 분할하여 그들이 열심히 봉사할 기회를 달라고 요청하였다. 이 일이 포교성성에 보고되었고 1920년 포교성성은 베네딕토회에 조선의 북동 지역, 즉 함경남북도와 더불어 조선 이주민들이 주로 많이 살고 우리가 앞에서 언급했듯이 이미 서울 대목구의 사제 세 명이 상주하고 있는 중국령 간도 지역을 내주었다. 교황청은 1922년 이 간도 지역에 당시까지 북만주에 속해 있던 옌지(延吉)와 이란(依蘭) 두 곳을 편입시켰다. 이 새로운 교구는 원산 대목구라는 이름으로 불리게 되었고, (이미 앞에서 언급했듯이) 사우어 몬시뇰이 아피아리아 명의주교의 자격으로 그 초대 대목이 되었다.

조직 및 사업

1921년 5월 1일 드브레 몬시뇰과 동시에 주교로 성성된 사우어 몬시뇰은 간도의 교우들 문제를 해결하기 위하여 당시 북만 대목구의 보좌주교인 가스페(Gaspais) 몬시뇰을 만나볼 생각으로 장춘으로 떠났다. 간도 지역은 우리가 앞에서 봤듯이 비록 서울 교구의 선교사들에 의해 관리되고 있긴 하였지만, 그것은 재치권 위임에 의한 것일 뿐이었다. 그런데 베네딕토회에 양도된 조선 내의 함경도 두 개 지방에 불과 500여 명의 교우밖에 없다는 것을 생각하면, 바로 이 간도 지역이 새로운 원산 대목구의 주요 부분을 이루는 셈이었다. 교황청이 승인한다면 북만 대목구는 원산 대목구에 중국의 옌지과 이란 두 곳을 완전히 양도한다는 합의가 두 주교 사이에 이루어졌다. 1922년 3월 19일 자의 포교성성 교령이 이 협약을 승인하였다. 교황청의 이러한 결정으로 원산 대목구는 면적으로 따지면 조선의 세 개 대목구 가운데 가장 큰 교구가 되었다. 그것은 현재, 위도 30도 8분[25]에서 48도 4분까지, 다시 말하면 조선의 중심에서 하바롭스크(Khabarovsk)까지 펼쳐져 있고 20만 4,000제곱킬로미터의 면적에 300만 명 이상의 인구를 헤아린다(200만 명이 넘는 조선인과 10만 명 정도의 일본인 및 그 나머지 중국인들). 1923년 5월 1일 현재 대목구에는 1만 975명의 천주교인이 있다(조선인 9,032명, 중국인 1,843명, 일본인 100명).

베네딕토회는 더욱 강한 가톨릭 운동을 일으키고 교우 자녀들이 외교인이나 혹은 개신교 학교에 다니는 것을 막기 위해서 학교가 아직 없는 지역에 가능한 한 많은 보통학교를 세우고자 노력하였다. 그러한 노력 덕분에 대목구에는 현재 30여 개의 학교가 있고 학생 수는 2,000명이 넘는다. 이런 중요한 사업을 더욱 발전시키기 위해서는 무엇보다 수녀들이 필요할 것이다. 원산 대목구 내의 여학교들을 운영하기로 했던 성 오틸리엔 베네딕토회 수녀들이 아직 조선에 들어오지 못하고 있는 것은 오로지 자금 문제 때문이다. 사우어 주교가 맨 처음 벌인 사업은 1921년 가을 소신학교의 설립이었다. 그것은 임시로 서울의 성 베네딕토 대수도원 안에 세워졌고 이후에 상황이 허락한다면 대수도원과 함께 원산으로 이

전될 것이다. 소신학교에는 현재 31명의 학생이 있다. 사우어 주교
는 또한 그의 넓은 대목구에 널리 흩어져 사는 중국인 교우들도
잊지 않았다. 14년 동안 담당 사제가 없었던 옌지의 중국 공소가
1922년 성탄 축일에 다시 열렸다. 또 다른 공소가 올해인 1924년
송화강 기슭에 세워질 것이다. 이 지역엔 많은 이주민이 사는데,
개중에는 산둥의 교우들이 상당수 있다. 그들 대부분은 이제껏 거
의 무인지경이던 이곳 황무지에 흩어져 살고 있다. 이 힘든 임무를
떠맡게 될 두 명의 선교사가 하나는 지린(吉林)에서 다른 하나는
산둥 남부에서 지금 준비를 하고 있다.

원산 대목구의 인원(1924)

원산 교구의 인원은 서울 대수도원의 인원까지 포함하여 현재
주교 1명, 베네딕토회 사제 18명, 서양인 수사 12명, 조선인 수사
7명, 전교회장 4명, 공소회장 110명, 남교사 54명, 여교사 12명 등
이다. 교구 조직에 필요한 사업들을 무난히 일으키고 또한 앞으로
계속 발전시켜나가기 위해서는 이보다 세 배는 되는 인원이 이 거
대한 교구에 필요할 것이다.

제 4 장
평안도 지역
(메리놀 외방전교회)

서울 대목구의 북서 지역이
미국 메리놀 외방전교회에 위임되다

1922년 포교성성은 조선에 선교사의 숫자를 늘릴 때가 되었다고 판단하여 이번엔 미국의 메리놀 외방전교회(뉴욕)를 불러들였다. 1911년 미국에서 설립된 이 전교회는 광둥(廣東)과 광시(廣西) 교구가 그들에게 양보한 중국의 한 지역을 이미 관리하고 있었다. 메리놀 외방전교회는 서울 대목구의 북서 지역, 즉 평안남도와 평안북도 두 지방에 새로운 교구를 운영하라는 부름에 기꺼이 응하였다. 이 지역은 면적이 대략 4만 3,300제곱킬로미터 정도로 조선의 5분의 1을 차지한다. 그 전체 인구는 그때까지 다섯 명의 서울 교구

사제에 의해 관리되던 4,890명의 천주교인을 포함하여 모두 230만 361명이다. 평안도는 이미 오래전부터 미국 개신교가 단단히 터를 잡고 선교 활동을 벌이던 곳이었다. 실제로 그곳엔 이단의 신봉자들이 5만 명을 넘어선다. 이는 새로운 선교사들이 앞으로 해야 할 일이 무엇인지 말해주며 또한 그들이 그곳에서 맞닥뜨리게 될 특별한 어려움이 무엇인지 알려준다.

미국 가톨릭 선교사들의 조선 입국

1923년 5월 장차 평안도[평양] 교구를 맡게 될 P.J. 번(Byrne) 신부가 서울에 도착하였고 그해 9월 그는 의주에 자리 잡았다. 그곳에는 이미 수년 전부터 꽤 안락한 본당이 마련되어 있었기에 선교사 여럿을 불러들이는 것이 가능하였다. 몇 달 뒤에 메리놀 외방전교회의 선교사 두 명과 수사 한 명이 그들의 장상과 합류하러 왔다. 1924년 4월, 그들 중 한 명은 의주 본당을 맡기로 하였고, 다른 한 명은 평양 가까이에 있는 영유에 정착하러 갔다. 번 신부는 곧 의주에서 40리 떨어진 압록강 기슭의 신의주에 자리 잡으러 갈 예정이다. 그는 이미 그곳에 가까운 장래에 본당을 세우고 그에 수반되는 제반 사업을 벌이기에 충분한 넓은 부지를 매입해놓았다.

어느 조선인 일가

1924년 가을에는 많은 증원이 예정되어 있으니, 메리놀 외방전교회 소속 선교사들이나 수녀들이 도착하게 될 것이다. 그들은, 교황청이 적절하다고 판단하여 하나의 새로운 독립 교구를 설립할 때까지, 서울 대목의 관할하에서 한동안 일하게 될 것이다.

결론

현재 조선에서 천주교를 전파하는 데 있어서의 장애물

우리가 서문에서 이미 언급한 바 있듯이 조선에는 각자 나름대로 활발하게 대중을 선동하는 각종 잡교가 많다. 불교와 신도는 정부의 특별한 보호를 받는 공식적인 종교다. 유교 또한 지지와 보호를 받는다. 천도교, 시천교, 단군교 등은 스스로를 순수한 조선의 종교, 따라서 유일한 민족적 종교라 자처하고, 그리하여 그들의 종교적·정치적 꿈으로써, 또는 몇몇 단체의 경우 그 비밀스러운 의식(儀式)이나 특히 그 비밀스러운 목적으로써 많은 신봉자를 끌어들일 수 있다고 자신한다. 우리는 또한 저러한 종교들을 언급하면서 잡다한 믿음의 뒤섞임이 조선의 외교인한테서 만들어낸 독특한

정신 상태를 지적한 바 있다. 이 모든 것은 결국 오로지 외형적인
의식(儀式)만이 어떤 중요성을 갖게 되고, 또한 신앙이라는 것이 각
자의 취향에 따라 그리고 상황에 따라 쉽게 변할 수 있게 되는 그
런 종교적 절충주의로 귀결되며, 그리하여 어떤 이들한테선 이것
이 결국에는 일종의 현실적 무신론의 모습을 띠게 된다.

　　이러한 심리로 인해 조선의 외교인은 쉽게 관용을 보여준다. 그
에게는 모든 종교가 다 좋아 보인다. 그는 자신과 토론을 벌이는
상대, 특히 그 상대가 외국인이라면 이렇게 말할 것이다. "누구나
자기 마음에 드는 종교를 따르면 되지 않느냐?" 하지만 그의 속마
음은 특히 자국의 종교들 가운데 하나에 이끌리게 되는데, 바로
자기네 것이기 때문이다. 또한 그는 저러한 여러 종교의 의식에 두
루 참여하는 것을 마다하지 않는다. 그 종교들이 교리상 서로 모
순될지라도 그는 그런 문제엔 전혀 개의치 않는 것이다. 그리하여
천주교의 교의와 윤리가 때로는 썩 괜찮아 보인다고 한 이후에, 그
리고 그토록 희망으로 가득한 종교를 따르겠다는 어느 정도의 강
한 소망을 밝히기조차 한 이후에, 자신의 행실을 신의 율법에 어
긋나지 않게 하기 위하여 어떤 희생들을 감수해야 하는지를—헛
된 미신들을 버려야만 하며, 어떤 대가를 치르더라도 조상 제사를

없애야 한다는 것을—알게 되면, 이 조선의 외교인은 매우 놀란다. 만일 신의 은총이 온전히 그에게 내리지 않는다면, 그는, 그 원칙에 있어 그토록 배타적이고, 또한 그가 보기에 규범에 있어 그토록 너그럽지 못한, 그러한 교의를 받아들일 결심을 하는 것이 불가능하다. 이것이 천주교가 조선에서 만나게 되는 첫 번째 장애다.

두 번째는 신문명이 이곳에 들여온 물질주의다. 이에 대한 설명은 불필요하다. 이 신문명은 어디에서나 똑같은 결과를 낳았다. 하지만 어제까지만 해도 외국과의 관계가 그토록 단절되었던 한 민중에게 있어서, 그들이 현대 문명의 오로지 물질적 면에만 쉽게 사로잡히고 지배당한다는 것은 그다지 놀라운 일도 아니다. 그들의 눈에는 그 문명의 화려한 측면만 보이는 것이 당연하다. 모든 것이 그들을 홀리고 유혹하게 되어 있지 않은가? 스스로의 욕구와 갈망을 억제하기 위한 그 어떤 조절 원칙도 그들은 갖고 있지 못한 것이다. 또한 지적할 것은 현재 반도에서 대유행중인 사회주의 사상과 볼셰비즘이다. 이들은 새것을 무척 좋아하는 조선 민중한테서 특히나 비옥한 토양을 찾아낸 듯하다.

세 번째 장애는 개신교로, 이를 자세히 살펴보기로 하자.

조선의 양반

조선에서의 개신교의 위협

1883년 이전에는 외국인들에게 접근이 그토록 엄하게 금지된 '은둔 왕국'에 어떤 개신교 목사도 없었다. 하지만 일단 조선이 여러 나라와 조약을 체결한 이후로 그들은 곧 무리 지어 들어왔다. 오늘날 감리교·장로교·회중교회주의(會衆敎會主義)·재림교·안식교·구세군·성공회 등이 이곳에 자리 잡았다. 다음의 통계는 지난

40여 년간 조선에서 개신교가 어떤 활동을 했는지 아주 상세히 말해준다.

	1921년	1923년
개신교 교회	3,426	3,890
예배소	2,718	3,114
서양인 개신교 목사	470	542 (이 중에 100명 이상이 서울에서 활동)
조선인 목사	265	611
전도사 및 권서(勸書)	1,197	1,449
신학교와 미션스쿨	6	7
−학생	350	802
의학교(醫學校)	1	1
−학생	48	63
병원	25	19
−침대	834	681
보통학교(남아)	32,827	45,302
보통학교(여아)	14,763	20,595
신자	204,650	295,698 (이 중에 세례교인은 103,957)
예산	연간 예산 수백만 엔 이상	

(단위: 명)

위에 나타난 수치를 주의 깊게 살펴보면, 곧바로 아주 당연한 질문이 하나 제기된다.

상대적으로 짧은 기간에 개신교는 어떻게 저러한 성공을 거둘

수 있었는가? 환상을 품어서는 안 된다. 예전에 그러하였듯이 개신교가 포교지에서 하는 일은 아무것도 없고 그들의 성공은 과장된 것이며 결국 우리가 두려워할 것은 전혀 없다고 믿거나 말하여서는 안 된다. 그것은 분별없는 행위요, 현실 직시를 거부하는 것이리라. 성공은 존재한다. 아니, 그 성공은 엄청나다고까지 말할 수 있다. 그리고 그것은 천주교의 전파에 있어 진정한 위협이 아닐 수 없다. 그 성공의 원인은 여러 가지다.

우선 개신교 목사들은 가톨릭 선교사들과 비교할 때 커다란 이점이 하나 있다. 그들은 말하자면 무제한이라 할 만한 재원을 갖추고 있다. 조선에서의 그들의 현재 예산을 보자. 최소 200만 엔이다. 그것을 조선 세 개 대목구의 선교사들이 신앙홍포회로부터 받는 보잘것없는 지원금과 비교해보자. 그 지원금은 현재 20만 프랑, 즉 불과 3만 엔 혹은 1만 5,000달러에 미치지 못한다. 개신교 목사는 훨씬 그 수가 많다. 가톨릭 선교사가 60명인 데 비하여 그들은 542명이다. 다른 한편, 그들의 재원 덕분에 후한 보수를 지급할 수 있기에 개신교는 많은 방인 목사(611명)와 전도사(1,449명)를 거느릴 수 있다. 그에 비해 조선 가톨릭교회는 기껏 42명의 방인 사제와 30여 명의 유급 회장을 두고 있을 뿐이다. 비교를 계속할 필요조차 없다. 같은 방식으로 학교·진료소·병원·인쇄소·신문·잡지 등의 숫자를 비교해본들 항상 그들이 이룬 성공에 대한 똑같은 설명이 되풀이될 뿐이다. 즉 한쪽에는 이단적인 교리를 섬기는 막대한 인원, 다른 쪽에는 진리에 봉사하는 몇 안 되는 선교사들과 초라한 예산, 바로 이것이 그 이유다. 또 다른 이유도 있다. 개신교는 천주교보다 훨씬 적은 것을 그 신도들에게 요구한다. 그들이 전파하는 그리스도교는 무척 융통성이 있고, 그나마 강제된 규정조차도 이따금 아무것도 아닌 것이 되어버린다. 적극적이고 열성적인 조선인 개신교 신자가 아직도 첩을 달고 살거나 조상 제사를 지내는 것은 흔히 보게 되는 일이다.

마지막으로 큰 중요성을 지니는 사실 하나를 더 지적하자. 개신교는 그들이 소유한 재력으로, 그들의 체계적이고 완벽한 조직으로, 그들의 많은 인원으로 무엇보다도 지도층에 그 영향력을 행사하려 힘쓴다는 점이다. 여기에서 우리는 그들의 강한 힘을 발견하고 그들이 성공한 원인 가운데 하나를 알게 된다.

그렇다. 다시 강조하거니와 그들은 무엇보다 먼저 사회의 중상류층에 대한 영향력을 키우려 한다. 그러기 위하여 개신교는 그들의 종교적 목표를 추구하는 것에 만족하지 않고 그것보다 더 우선

적이라고 여겨지기까지 하는 교육적 목표를 갖고 있다. 일반학교·전문학교·공업이나 상업학교 등 각종 학교를 통한 교육, 신문·잡지·홍보전단·정기간행물 등을 통한 교육, 저 유명한 기독교 청년회와 사방에 퍼져가는 스포츠 문화를 통한 교육, 또 무엇이 더 있더뇨? 이러한 교육적 목표를 추구함으로써, 놀라울 만큼 조직적이고 또한 앵글로색슨 민족답게 이상주의와 더불어 현실에 대한 실용적 시각을 갖추고 있는 개신교 목사들은 한편으론 종교 사업을 벌이고 있다곤 하지만—이것이 그들의 이상주의와 일치하는 부분인데—실상은 무엇보다 먼저 사람들을 교육하고자, 그들에게 자기네 정신을 주입하고자, 그리하여 그들을 자기네 영향력 아래 두고자 원하며 이것이 바로 그들의 현실주의와 부합하는 부분이다.

현재 극동의 상황을 봤을 때 장차 어떤 변화가 있을는지 누가 알겠는가? 지금 그러한 변화를 주도할 줄 아는 자들이 앞으로 얻게 될 이익을 쉽게 짐작하고 예측할 수 있다. 게다가 그 이익은 단지 종교적인 것에 그치는 게 아니라 또한 정치적이고 경제적인 것이리라. 실용주의적인 앵글로색슨인들은 그 점을 아주 잘 알고 있다. 이런 생각이 틀리지 않는다는 것은 다른 곳에서나 마찬가지로 조선에서도 점차 확인되고 있다.

그러므로 천주교에 있어 큰 위험이 되는 개신교의 성공적인 포교를 특별히 지적하는 것이 무의미하진 않다. 그런 위험을 정치적·경제적 관점에서 다루는 것은 우리의 역할이 아니다. 경험에 의해 이미 사실임이 입증된 다음과 같은 지적을 하는 것으로 그치도록 하겠다.

개신교는 그 고유의 정신과 교육제도로 인해 필연적으로 혁신적이다. 개신교는 그 학생들의 국민성을 변화시키기에 이르기까지 한다. 그와 반대로 본질적으로 보수적인 천주교는 그것이 뿌리 내리는 곳에서 그곳 사람들의 관습에 아주 쉽게 적응한다. 우리는 단지 조선 천주교의 장래를 생각하는 관점에서 개신교의 위험을 지적하고자 한다. 모든 선교사가 경험한 사실이 하나 있으니 그것은 개신교가 이단의 씨앗을 뿌린 곳에선 천주교로의 진실한 개종은 더 이상 기대할 수 없다는 것이다. 사상의 자유, 자기 교육, 자치의 이론 등은 사람들을 선동한다. 예전에 그들 사이에서 높이 평가되던 권위주의는 무너져버린다. 그리하여 조선인들이 한번 개신교를 믿게 된 이후에는 더 이상 우리의 교의—바로 그러한 권위적 원칙, 이의를 제기할 수 없고 건드릴 수 없는 원칙이 그 힘이 되는 교의—를 받아들일 준비가 되어 있지 않다고 말할 수 있다.

상황은 이와 같다. 그렇다고 절망해야 하는가? 물론 아니다. 개신교는 그 크나큰 번영과 엄청난 성공에도 불구하고 그것이 어디를 가든 그 내부에 스스로를 파괴할 죽음의 불씨, 불화와 분열의 불씨를 지니고 다닌다. "썩은 나무에선 좋은 과실이 열릴 수 없다." 이것이 개신교의 결함이다.

이미 조선에선 교파들 내부에 분열이 일어나 여러 파벌로 갈리는 것을 볼 수 있다. 자치의 이론은 그것을 설파하던 자들에게 칼끝을 돌린다. 우리는 조선인 개신교 단체들이 외국인 목사의 통제를 거부하는 것을 여기저기서 보게 된다. 조선인들은 이제 그들 스스로 통솔하고 관리하기를 원한다. 그들의 변절을 탓하는 미국인 목사에게 어떤 신봉자들은 이렇게 대답하기를 주저하지 않는다. "하지만 우리는 당신의 가르침을 그대로 따를 뿐이다. 만일 당신이 천주교 사제들이 그렇듯 어떤 정신적 권위를 갖고 있다면 문제는 좀 달라진다. 우리는 당신을 버리기 이전에 우리 가운데 당신을 충분히 대신할 만한 사람이 나오기를 기다릴 것이다. 하지만 당신은 뭔가? 당신이 우리보다 나은 게 무엇인가?"

무척 지각 있는 항변이 아닌가? 다른 한편으로 개신교 통계가 보여주는 숫자들에 지나치게 놀랄 필요는 없다. 무엇보다 질과 양을 구분할 줄 알아야 한다. 개신교가 전파하는 교리는 천주교의 그것과 아주 많이 다르고 교리를 따르는 자들에게 많은 것을 요구하지 않는다. 예를 들어서 처를 여럿 거느린 사내가 그런 생활 방식을 전혀 고치지 않은 채 개신교의 세례를 받는 것을 볼 수 있지 않은가? 그러므로 프로테스탄트 교회의 통계를 읽을 때에는 그 주어진 수치를 가톨릭교회가 제시한 수치와 같은 의미로 받아들여서는 안 된다.

사실 가톨릭교회에서는 교우들의 숫자를 밝힐 때 이미 세례를 받았고 그리스도교인의 의무를 다하는 자들만을 계산에 넣는다. 반면 개신교 측의 통계는 단지 교회에 이름을 알려주었거나 혹은 성경책을 받았을 뿐인 많은 외교인을 벌써 신도의 숫자에 집어넣는다. 하기야 개신교 측에서도 이따금 숫자를 제시하면서 세례받은 자들을 따로 '세례교인'이라 칭하여 다른 일반 교인과 구분을 두기도 한다. 그리하여 앞서 주어진 표를 보자면, 거기에 신자의 숫자는 29만 5,698명으로 나와 있지만 개중에 세례를 받은 이는 10만 3,957명에 불과하다.

안성 성당 내부

덧붙이는 말

그렇다고 해서 앞서 확인한 사실들 때문에 조선에서 개신교가 거둔 대단한 성공을 축소시켜서는 안 된다. 그들의 성공은 불행하게도 너무나 크고, 바로 그래서 그것을 모르는 척하거나 무시하고자 하는 것은 큰 잘못일 것이다. 오히려 그러한 성공을 그 자체의 현실로써 봐야만 하며, 그것을 확인하고 밝힌 연후에, 신앙 전파 사업을 위하여 그들의 의무, 그들의 모든 의무를 다하는 것이 모든 진정한 천주교인들이 해야 할 일이다. 개신교 목사들 못지않은 큰 희생을 가톨릭 선교사들이 기꺼이 치른다면, 그들의 숫자가 비록 적을지언정 과연 해내지 못할 일이 무엇이 있겠는가? 적어도 그들은 그 어떤 일이 닥치더라도 절망하지 않으며 낙담하지 않는다. 그들은 승리가 그들 편이 되는 날이 오리라는 것을 알고 있다. 가톨릭교회는 그 역사의 매 순간마다 그러한 승리를 경험했고 조선에서도 이미 여러 번 승리를 거둔 바 있었다.

우리가 앞에서 그 야만성을 언급한 바 있는, 저 잔인한 박해자 대원군은 1866년 가톨릭교회를 그 자식들의 피 속에 가라앉힐 수 있다고 믿었다. 15년이 흐른 뒤, 그의 아들인 국왕은 1881년의 윤음에서 그의 선왕들이 교회와 싸우는 데 있어서 무력했음을 공개적으로 시인하였다. 윤음에 이르길, "정조(1776~1800)²⁶께서 융성하던 시기에, 그 기미를 경계하고 그 자라는 것을 막았으니, 실로 뿌리를 없애고 덩굴을 제거한 것이었으나, 뜻밖에도 베어버린 풀 아래 다시 풀이 생겨나고, 멸하는 듯하다가 이내 더욱 성하였다. 중간에 크게 징계한 것이 또 한두 번이 아니었다"고 하였으니, 이 윤음은 어떤 점에선 교회의 승리, 더욱 커져만 갈 뿐인 승리를 기록하고 있는 것처럼 보이지 않는가? 사실 이 뒤에 나오는 표를 본다면 조선 가톨릭교회는 그 어느 때보다도 더 번영하고 있다.

무엇 때문에 저런 승리와 발전을 놔두고 교회가 멈춰서야 하는 가? 무엇 때문에 그 많은 순교자가 흘린 피가 헛된 것이 되어야 하는가? 천만에, 그렇지 않다. 가톨릭교회는 영생의 약속을 얻었으니 어떤 난관에도 불구하고 여전히 계속하여 새로운 승리를 얻어 낼 것이다. 열정적인 천주교인들에게 당부하노니, 그리스도의 선교사들을 열심히 돕고, 그대들의 기도를 통해, 그대들의 애긍(哀矜)을 통해, 그대들의 희생을 통해 새로운 승리의 시간을 앞당기도록 할 지어다.

조선에서 순교한 파리 외방전교회 소속의 선교사 12인

조선 천주교 현황(1923)[27]

조선에는 서울·대구·원산* 세 개의 대목구가 있다. 그 각각의 전체 인구와 가톨릭 신도의 숫자는 다음과 같다.

지역	인구	천주교인
서울 (파리 외방전교회)	8,679,120	54,979
대구 (상동)	7,116,653	31,457
원산 (성 오틸리엔 베네딕토회)	1,849,988	10,815**
조선 전체 합계	17,626,761	96,151

1. 조선의 3개 대목구 인원***

	합계	서울	대구	원산
주교·대목	3	1	1	1
보좌주교	1	1		
부주교	3	1	1	1
선교사	59	27****	14	18
조선인 사제	42	30	12	
베네딕토회 수사	7			7
메리놀 외방전교회 수사	1	1		
서양인 수녀	14	11	3	
조선인 수녀	89	80	9	

유급 회장	32	18	10	4
무급회장· 공소회장· 여회장	1,236	726	400	110
남교사	257	143	60	54
여교사	106	64	30	12

*   원산 대목구는 별도로 120만 명의 주민이 살고 있는 만주 지역도 포함한다.

**   1만 815명의 천주교도 가운데 약 9,500명이 중국 영토에 살고 있다. 주로 이주해 간 조선인들이다.

*** 이 세 대목구 이외에도 새로운 교구 하나가 형성되고 있으니, 즉 아직까진 서울 대목구 관할하에 있지만, 1922년 이후로 메리놀 외방전교회(미국)에 양도된 평안도다. 이 지역엔 200만 명 이상의 주민이 거주하고 그중에 천주교인은 5,000명 가까이 된다.

**** 이 숫자에는 평양 지역을 직접 관리하기 위해 이미 조선에 들어와 있는 메리놀 외방전교회의 선교사 3인이 포함되어 있다.

2. 시설, 각종 사업, 단체

	합계	서울	대구	원산
본당 사목구	68	43	18	7
성당·예배당	235	157	73	10
공소	1,134	635	390	109
신학교	3	1	1	1
−학생 총수	248	112	105	31
−신학 및 철학과정	56	26	30	
−라틴어과정 (중등과정)	152	61	60	31
−예비과정	40	25	15	
갑종상업학교	1	1		
−교사	9	9		
−학생	188	188		
보통학교(남)	122	52	42	28
−학생	5,977	2,994	1,357	1,646
보통학교(여)	44	15	22	7
−학생	2,742	1,760	548	434
고아원	3	2	1	
−원생	268	212	56	
−교우 가정 위탁 고아	128	101	27	
−입양 고아	47	47		
가톨릭 청년회 (연합회)	1	1	*	
−연합회 내 분회	19	19		
−총회원수	1,362	1,362		

* 대구 대목구에도 가톨릭 청년회가 여럿 있으나 아직 연합회를 결성하지 못했다.

인쇄소	1	1		
– 인쇄공	9	9		
– 1923년 인쇄 부수	40,000	40,000		
종교잡지 (조선 전역 대상)	1	1		
– 정기구독자	5,505	3,619	1,217	669
신앙홍포회 회원	589	361	228	
진료소	2	2		
– 통원 환자	7,772	7,772		
– 왕진 환자	816	816		

3. 영적 결실

	합계	서울	대구	원산
성인세례	1,629	749	557	323
성인 임종 대세	863	470	343	50
외교인 자녀 유아세례	3,384	1,838	1,471	75
교우 자녀 유아세례	4,077	2,382	1,274	421
세례 합계	9,953	5,439	3,645	869
새 입교자	69	64	5	
견진성사	3,126	2,211	858	57
사규고해	62,611	35,195	21,202	6,214
재고해	218,288	132,618	60,655	25,015
사규영성체	58,999	32,312	20,939	5,748
재영성체	569,108	336,018	188,363	44,727

종부성사	1,369	756	470	143
노자성체	867	570	247	50
신품성사	3	1	2	
혼인성사	1,016	625	312	99
임종	2,391	1,455	721	215

✝

옮긴이의 글

LE CATHOLICISME EN CORÉE – SON ORIGINE et SES PROGRÈS

Séoul

오래전 조선을 드나들던 프랑스 선교사들은 당시 조선의 수도를 한양이나 한성, 혹은 경술국치 이후의 경성 등으로 부르지 않고 줄곧 '서울'이란 명칭을 사용한다. 흥미로운 점이다. 이와 관련해 샤를 달레는 1874년 간행된 『한국천주교회사』에서 "조선의 도읍지는 '한양'이라 이름하나 이 이름은 거의 사용되지 않고 보통은 '서울'이라 부르는데 큰 고을, 즉 수도를 뜻한다"라고 적고 있다. 사실인지 아닌지 확인이 불가능한 일이다.

『조선왕조실록』을 보면 조선의 도읍지를 지칭하는 단어로 세 가지가 나온다. 漢陽은 500년 역사에 불과 100여 차례 언급될 뿐이요, 그것도 이성계의 한양 천도에 관련된 정도다. 주를 이루는 것은 漢城 혹은 漢城府인데 둘 다 당시 수도를 관할하던 관청 내지는 정부 조직을 가리키는 말이요, 대개 그 쓰임이 '한성부 판윤에 모모를 제수했다'는 따위에 국한된다.

반면에 京 혹은 京城은 그 사용 빈도수가 가장 높고 그 쓰임 역시 오늘날의 '서울'과 마찬가지로 다양하다. 한양이나 한성 등의 고유명사가 아닌 경(성)이란 일반 명사가 주로 사용되었다는 것인데, 경(성)을 순 우리말로 하자면 바로 서울인 셈이다. 그리하여 '나랏말쓰미' 여전히 '文字'와 따로 지내던 시절, 조선의 수도는 대개 글로는 '京(城)'이요 말로는 '서울'이었던 것이 아닐까 하는 추측을 해본다.

한불ᄌ뎐

프랑스 선교사들이 편찬하여 1880년에 간행한 조선어·불란서어 사전의 제목 역시 흥미로운 점을 갖고 있다. 마땅히 조불자전(朝佛字典) 정도를 생각하게 되건만 실제 이 사전의 제목은 한불자전(韓佛字典)이다. 우리가 조선시대 사람을 한국인이라 부르는 경우가 있듯이 무슨 시대를 뒤섞는 발상으로 훗날 바꿔 단 제목이 아니라 본래의 제목이 그렇다. 이 사전의 표지를 보면, 프랑스어 제목 위로 마치 장식을 하듯 '한불ㅈ뎐'과 '韓佛字典'이 병기되어 있다. 그런데 이 한(韓)이란 단어가, 물론 이전의 삼한(三韓)도 있었으나 나라를 대표하게 된 것은 조선에서 대한제국으로 국호가 바뀐 1897년 이후의 일이다. 한불자전은 이보다 무려 17년을 앞서버린 것이다. 당시 『조선왕조실록』의 기록을 보면, 주상이 이르기를 "또한 각국의 서한을 보면 조선이 아니라 한(韓)이라 하는 경우가 많다(且每嘗見各國文字 不曰朝鮮 而曰韓者)"고 하였으니, 이것이 어떤 관련이 되려는가? 어찌 되었건 선교사들이나 그들을 도와 사전 편찬에 참여한 조선인들 사이에선 이미 1880년경부터 韓이 朝鮮과 통용되었다는 얘기인데, 도무지 알 수 없는 일이다.

우리말

번역 과정에서 한국 천주교회에서 이미 상용되는 어휘들은 마땅히 그대로 따르고자 했다. 더불어 주제넘은 한자어를 꽤 사용하였는데, 이는 원문의 내용 가운데 본디 조선의 관변 기록을 프랑스어로 옮겨놓은 부분이 꽤 되기 때문이다. 이런 경우의 번역은 말을 옮기는 과정에서 생길 수 있는 오류를 거듭 반복하게 되는 것일 수도 있으니 그러기보단 원상태로 돌려놓자는 생각에서였다.

하지만 과연 그 어휘들의 운용이 제대로 되었는지는 그다지 자신이 없다. 또한 번역이란 것이 가끔 그렇듯 원문의 제약에 스스로 묶여버리는 것이 마음 편할 경우가 많으니, 의미상 한 단어이건만 원문에서의 다양한 표현을 그대로 살린답시고 고지식하게 여럿으로 나눠 옮긴 경우도 꽤 된다. 결과적으론 다소 생소하고 다소 어줍잖고 다소 어수선한 그런 번역이 된 것은 아닌가 모르겠다.

2015년 12월

김승욱

옮긴이 주

1 왜란과 관련된 이 내용 가운데 이해 안 되는 것들이 있으나, 원문 그대로 번역했음을 밝혀둔다.

2 의식적 도구(Instruments conscients)는 의식적으로 신의 계획을 실현하는 도구, 즉 성직자들을 말한다.

3 구약 제2경전 지혜서 8장 1절로 원문에는 'fortiter'가 누락되어 있다.

4 의식 문제(cas de conscience)는 인간 의식이 참고할 만한 종교적 규정의 부재로 인하여 양단간에 결정을 내리지 못하는 곤란한 상황에 처해 있음을 의미하는 용어다. 본문에서의 '의식 문제의 해결'이란, 제사를 지내도 좋은지 아닌지를 알지 못했던 조선 교인들의 의식 문제가 제사를 지내면 안 된다는 주교의 말에 의해 해결되었음을 뜻한다.

5 1791년 신해박해를 말한다. 바로 조상 제사 문제가 이 박해의 원인이었다.

6 원문에는 정종(Tjyeng-tjyong)으로 오기되어 있으나 이를 바로잡았다.

7 원문에는 한성부(Préfecture de Séoul)로 되어 있는바, 저자의 착각인 듯하다.

8 윤음이란 것은 본디 임금이 신하나 백성에게 내리는 유시의 하나지만 신하들 중 누군가에 의해 대리 작성되는 경우가 대부분이다. 상기 신유년의 척사윤음은 대제학 이만수가 지은 것이라 전해진다.

9 나라의 제일의 섭정(premier régent)은 당시 섭정이었던 순원왕후의 오라비 김유근을 가리키는 듯하다.

10 원문에는 'Palkeimori'라 되어 있다. 달레 신부의 『한국천주교회사』를 번역한 안응렬은 「경향잡지」(1968.3)에 '발게머리'라 옮겼고 이보다 앞서 1929년 같은 잡지 7월호에도 모방 신부의 치명(致命) 행적과 관련하여 '발게머리'가 언급된다. 다만 후자의 경우 'ㄷ·리의 머리'가 병기되어 있는 것으로 봐서, kei가 계(鷄)를 가리키는 것인지도 모르겠다.

11 원문 표기를 따른 것이다.

12 원문 표기를 그대로 따랐다.

13 원문의 '스승(Maître de religion)'은 정의배를 가리키는 듯하다. 통설에 우세영이 찾아간 곳은 정의배의 집으로 되어 있는바, 원문 내용에는 저자의 착각이 있는 듯하다.

14 보좌주교인 다블뤼는 베르뇌의 순교 직후 주교직을 물려받아 조선 대목구의 제5대 대목이 된다.

15 원문에는 '수영 반도(presqu'île de Syou-yeng)'라고 나오는바, 저자는 '수

영'을 수군의 군영이 아닌 지명으로 이해
한 것 같다.

16 원문의 'trois ministres'의 의미가 모호
하다. 세 명의 관원인지 혹은 대신, 즉 삼정
승을 가리키는 것인지 알 수 없고 전자의
경우라면 왜 하필 '세 명'으로 특정했는지
도 알 수 없다. 이에 관련되어 고종 3년 음
력 9월 11일 자 『조선왕조실록』의 기록을
보면, "세 사람이 관청을 부추겨 우리나
라 전교사를 살해한 것에 대해 엄정히 분
별할 것이다(因有三員唆弄其司爲源由 殺
我朝傳敎士者嚴辨)"라고 되어 있어 이 역
시 그 의미가 모호하다.

17 임오군란에 관련한 이 부분은 사건의 선
후관계가 사실과 어긋나는 점이 있으나
원문 그대로를 번역했음을 밝혀둔다.

18 원문에 강원도가 누락되어 있다.

19 1921년의 오기인 듯하다.

20 1923년의 오기로 보인다.

21 원문의 문장 연결이 매끄럽지 못하여 이
해가 어렵다. 풀이하자면, 1)한일병합 이
전엔 양인 선교사들의 덕을 보려는 타
산적인 입교가 많았기에 변절자도 그만
큼 많았고, 2)병합 이후엔 그런 타산적인
입교 자체가 거의 없어졌고, 3)그렇기에
순수한 입교가 대부분인 지금은 변절자

도 드물다는 내용인 듯하다.

22 서울 용산 예수성심 신학교의 학제는 교
육 과정이 두 가지로 나뉘어 있었던바,
하나는 대신학과라 불리는 철학 및 신학
과정이요, 다른 하나는 그 아래로 소신학
과라 불리는 라틴어 과정이다.

23 정확한 것은 알 수 없으나 문맥상으로 보
건대, 프랑스 내 가톨릭 계열의 교원 조
합을 가리키는 듯하다.

24 원문의 내용이 다소 모호하다. 아마도
'인원수의 부족'을 말하려는 듯하다.

25 38도 8부의 오기로 보인다.

26 원문에는 정종으로 오기되어 있는바, 이
를 바로잡았다.

27 이하 제시된 숫자에는 오기가 다수 있는
듯하다.

조선 천주교 그 기원과 발전

| 펴낸날 | 초판 1쇄 2015년 12월 25일 |
| | 초판 2쇄 2021년 5월 3일 |

지은이	파리 외방전교회
옮긴이	김승욱
펴낸이	심만수
펴낸곳	(주)살림출판사
출판등록	1989년 11월 1일 제9-210호

주소	경기도 파주시 광인사길 30
전화	031-955-1350 팩스 031-624-1356
홈페이지	http://www.sallimbooks.com
이메일	book@sallimbooks.com

| ISBN | 978-89-522-3314-1 03910 |
| | 978-89-522-0855-2 03910(세트) |

* 값은 뒤표지에 있습니다.
* 잘못 만들어진 책은 구입하신 서점에서 바꾸어 드립니다.

이 도서의 국립중앙도서관 출판시도서목록(CIP)은 서지정보유통지원시스템 홈페이지
(http://seoji.nl.go.kr)와 국가자료공동목록시스템(http://www.nl.go.kr/kolisnet)에서
이용하실 수 있습니다.(CIP제어번호: CIP2015034841)